じじい
爺の暇つぶし

もてあます暇を
もてあそぶ極意、教えます

吉川 潮
島 敏光

まえがき

吉川 潮

私は現在67歳の立派な爺（じじい）です。現役の作家ではありますが、40代、50代と比べると書き下ろし長編小説のペースが落ち、エッセイやコラムの連載はやめたり打ち切りになったりして仕事量は激減しました。しかし、そのことをまるで憂えておらず、暇ができたことを喜んでいます。

毎日外出し、公園や庭園を散歩したり、映画、音楽、演芸を鑑賞したり、安くて美味しい物を食べ、友人とおしゃべりしたりするのが楽しくてたまりません。それはもちろん、自分と家族が揃って健康であることなどの条件付きではありますが、私自身が余暇を楽しむ術（すべ）を心得ているからだと認識しています。

周囲を見渡すと、フリーランサーを除く同世代の友人のほとんどが定年を迎えました。現役時代は多忙で趣味にいそしむ時間がなかった。しかし定年後、いざ暇になると時間をもてあますようになる。ゴルフは月に1、2度がいいところ。新しい趣味を探す気もない。家に居る時間が長いと女房の機嫌が悪くなるので用もないのに外出するが、すぐに帰宅してしまう。などといった話を聞くにつけ、「いくらでも楽しい余暇の過ごし方はあるだろうに」と思うのです。

とはいえ、若い頃に趣味を持たなかった者が、暇になったから今後は趣味に生きろと言われても無理な話でしょう。働き盛りの頃、やりたくても時間的に無理なのでできなかったことを定年後に楽しむのが理想的ですけれど、それができない。ならば「暇つぶしの達人」を自称する私が、金のかからない楽しみ方を伝授、というほどおおげさなものではなく、アドバイスする本を書いてみようと思った次第です。

ただ、私のノウハウだけでは好みが偏って、心もとない。そこで共著者として白羽の矢を立てたのが、親友で俳句仲間でもある島敏光君です。

島君は私と同じ団塊の世代なのに、私とはまるでキャラクターが異なります。私が辛口なら島君は甘口、交際範囲が狭くて友人の数も限られている私とは違い、彼は友人の数が半端ではないほど多い。性格は温厚、如才なく実にソフトです。しかも映画と音楽のプロであり、専門知識とポピュラリティを有している。それに島君は私より忙しいので、忙しい最中の「寸暇のつぶし方」を心得ています。ちょっとした空き時間をどう活用するか、島君が教えてくれるでしょう。従って、二人で書くことで、より多様な方法が提示できるはずです。

今は働き盛りの40代、50代の男性もいずれは定年を迎える。今のうちに暇のつぶし方を会得しておけば、「備えあれば憂いなし」です。現役でも活用できるノウハウも記しておきます。

というわけで、こんな本を読むのも暇つぶしの一つと思って読み進めてください。

まえがき

島　敏光

暇は人生の宝物です。

有効活用しない手はないのです。


性格は正反対なのになぜか気の合う吉川潮さんから、爺の暇つぶしのガイドブックを一緒に作ろう、と言われた時はちょっと戸惑いました。

これまでに暇つぶしについて真剣に考えたことなど一度もなかったからです。毎日が何となくせわしなくて、つぶすほどの暇がなかったのです。

私はスポーツもギャンブルもお酒もやりません。

仕事もあまりしていません。司会やエッセイの執筆が中心なので、やる気はあっても依頼がなければできないのです。

じゃあ、一体何をやっているのか？

それが色々なんですね。

食事に行く。映画を観る。公園に行く。旅行に行く。市場を歩く。友人とおしゃべり。動物園、植物園に行く。猫カフェや爬虫類カフェに行く……。

いくら時間があっても足りません。

1日が2日あったらいいのに、といつも思います。

常々そんな風に考えていたのですが、暇と元気さえあれば鬼に金棒。そこに少しのお金があれば文句なし。

吉川さんから、仕事をリタイアして暇のつぶし方に迷っている同輩がいっぱいいると聞いて、なるほどねえ、と納得した次第です。仕事が生きがいであり、生活の中心だった人には、目の前の暇の価値がわからないでしょうねェ。

仕事のなくなった仕事人間、企業から身を引いた企業戦士は宙ぶらりん。これからは開き直って暇人間、暇戦士となって立ち上がってみてはいかがでしょう。

せっかくの暇をもてあましていてはもったいない。家でゴロゴロしているのもいいけど、それでは家庭不和のもと。楽しいことや新鮮な感動が玄関の外にいくらでも転がっています。自分が転がっていたんじゃ見つかりっこありません。

暇はもてあますより、もてあそぼう、と言った人がいます。

お手頃なレストラン、行楽地、温泉、格安の海外旅行、ただで入れる公園、さらには友達の作り方や女房との距離感まで……私のアドバイスが、多少なりとも参考になればと思ってシャープペンシルを取りました。


もう一度言います。

暇は宝物。

埋もれさせてはあまりにももったいない！

もくじ

第1章

食事とおしゃべりは絶好の暇つぶし

飯友(めしとも)をたくさん持とう

人間は食べなければ生きていけません。ただ、動物のエサのように摂取すればいいのではなく、人間らしい食事が必要です。それは「何を食べるか」ではなく、「誰と食べるか」に依(よ)るのではないでしょうか。家で家族と共にする日常の食事が大切なのは言うまでもありませんが、外食はすべきだと思います。暇をもてあます身の上になったらなおさらです。

昼食、夕食、どちらでも週に3度は外食をするのが望ましい。そうすれば奥さんが食事の用意する手間が省けて喜ぶし、あなたは非日常を楽しめる。そのためには食事を共にする友人、つまり飯友が最低3人は欲しいですね。理想的には同じ趣味を持つ年長者、気の置けない同世代の仲間、一緒に苦労した仕事仲間、ひと世代若い後輩（できれば女性も）といった世代が異なる飯友を持つことです。

「俺にはいない」とおっしゃる読者諸兄。だったらあなたが音頭取りになって仲間を集め、食事会または飲み会を開いたらいかがでしょう。面倒くさければ、友人でそういうことを厭わない世話役を探せばいい。友人の顔を思い浮かべてください。必ず一人は世話好きがいますから、頼めばきっとやってくれるはずです。同世代でしたら割り勘が当たり前ですが、ご馳走したりされたりするのもいいもので、私と島君はそういう仲です。

　女性の飯友がいればなおけっこう。女性と食事を共にする際、男は嫌でも身だしなみに気を遣い、お洒落をするようになる。これが大切なのです。リタイアして人に会う機会が少なくなると男は髭さえ剃らなくなる。定年退職後、無精髭を気にしなくなったというのは老化の始まりです。私の知り合いにも髭を伸ばしっぱなしにして手入れもせず（髭の手入れは剃るよりも手間がかかる）みっともない面相になっている者がいます。薄汚い爺は嫌われる。加齢臭などはもってのほかで、常に清潔を心掛け、人と会う時は必ず髭を剃り、伸ばすなら手入れをして、身ぎれいにして出かけましょう。女性と会う時はなおさらお洒落したくなるので、女性の飯友は貴重なのです。

　私の場合、週に平均6度は外食で、そのうち3度は友人とします。あとの3食は一人飯で、これもけっこう楽しい。一人飯については後述するとして、まずは飯友の話です。

　私の飯友は大学の同級生、年下の演芸関係者（芸人も含む）、出版社の編集者などで、妙齢の女性もいます。中でも最高の飯友は野末陳平先生です。皆さんもご存じのように、元参議院議員（タレント議員の走り）にして元大正大学教授、中国文学に造詣の深い知識人です。島君と私が所属する句会、駄句駄句会に陳平先生が入会した２０１３年から3人でランチを共にするようになりました。現在84歳とは思えないほどお元気で実に食欲旺盛。我々とはひと世代違うのに、気が合って話が合うので最高の飯友、おしゃべり仲間になりました。現在、週に1度ランチをご一緒しています。しかも、ありがたいことに毎回ご馳走にしてくれる。寿司、イタリアン、焼き肉、とんかつ、焼き魚、中華など、行きつけの店が10軒近くあります。どの店も一人１５００円から2千円と、一般のサラリーマンのランチよりはちょっと贅沢な物を食べています。

おしゃべりの内容と店選びが肝心

おしゃべりの内容は多ジャンルにわたります。陳平先生は政治、経済に通じており編集者からの情報もある。島君は映画、音楽関係の専門家だし、私には演芸関係の情報が入ります。３人とも特殊な社会にいますから一般人より関わりのあるジャンルが広く、それぞれが専門知識を持っているのが強みです。

共通の趣味は映画で、島君が試写会で観て良かったと思う作品を薦めてくれるので、私と陳平先生は映画館へ行っても外れがありません。映画に関しては次章で述べますが、観た映画のことを批評し合うのもまた楽しい時間です。

勤め人だった方にはそれぞれに友人と共通の話題が必ずあるはず。ゴルフ、釣り、競馬、碁、将棋、スポーツ観戦などなどなど。食事の後のおしゃべりに花を咲かせてください。タブーは愚痴と自慢話で、こればかり話す爺は嫌われるのでくれぐれも戒めましょう。他愛（たわい）のない馬鹿っ話が一番罪がなくていい。人の悪口も盛り上がりますが、あまり露骨なものでなく、ユーモアを交えると悪口も面白くなる。私は以前よく有名人をぶった斬る辛口エッセイを書いていたので、悪口のプロといえます。悪口も芸のうちで、人を笑わすギャグが入ってなくてはいけません。島君もけっこう上手（うま）い悪口を言います。

陳平先生も政治家に対しては痛烈です。悪口で笑い合うと一層話が盛り上がります。

食事をする店選びはまず価格帯です。我々3人はたとえ千円、2千円でも味と量、サービスが料金に見合うかどうかを見定めます。つまりコスト・パフォーマンスにこだわる。おしゃべりする喫茶店はベローチェ、ドトール、サンマルク、エクセルシオールなど1杯2〜300円のチェーン店に入ります。何時間ねばっても嫌な顔をされず、おしゃべりの声がうるさいと言われることもない。私が一番好きなのはベローチェで、どの店も店内がゆったりしているのがいい。親父3人はこういう処(ところ)でおしゃべりしています。

一人飯の極意

一人で食事をすることを「孤食」と言うとか。「孤独死」を連想させる嫌な言葉ですねぇ。一人飯でいいじゃないですか。東大の栄養免疫学の研究チームが調べたデーターによると、孤食の高齢者は食事の相手がいる同世代と比べるとウツになりやすい傾向があって、女性だと1・4倍、男性は2・7倍になるといいます。毎日一人では寂しくてウツにもなるのでしょうが、1日置きくらいなら一人飯もまた良い暇つぶしになります。

私の家内は仕事を持っているので、週3、4度は一人で食事をすることになります。私はデパートの中にある「イートイン」に呼ばれるカウンターだけの店によく行きます。千円前後の安くて美味しい物が多種多様に揃っているので選ぶのに迷うくらい。また、デパ地下で惣菜を買って家で食べることもあります。ご飯を炊いておいて惣菜だけ買えばいいので経済的です。

いくら安いからといって、牛丼のチェーン店やファストフード店などに入ってはいけません。私が入らないのは店内と客が貧乏臭いからです。若いうちの貧乏は当たり前だが、いい齢をしてその手の飲食店で食事をする人はなぜか貧乏臭く見えてならない。貧乏はいいけれど貧乏臭いのは大嫌い。それなら弁当を買って家で食べるほうがましというものです。ただし、コンビニ弁当というのは侘しいものですね。私もたまに弁当を買いますが、必ずデパートで買うし、地方の美味い物展をやっている時は、その土地の名物弁当を買います。全国駅弁大会や北海道物産展、京都名店会などは欠かさず行きます。

味噌汁、お吸い物、スープの類はインスタントで十分。最近は良い味の物がたくさんありますし、お湯に溶かすだけで手間がかかりません。一人飯に慣れれば奥さんの手間がかからず大助かりでしょう。一人飯を楽しむのは爺の心得の一つです。

民放のテレビ番組をめったに見ない私が、毎週欠かさず見ていたのはテレビ東京の「孤独のグルメ」です。俳優の松重豊扮する輸入雑貨商、井之頭五郎が商用で訪れた街で立ち寄った店で一人飯を楽しむというドラマ仕立てのグルメ番組です。彼の食べっぷりの良さと一人飯を楽しむ姿勢が実に好ましく共感することが多々あるので、再放送があったらぜひ、ご覧ください。これは現役サラリーマンにも受けること間違いなし。ちなみに漫画が原作ですから、そちらを読む手もあります。

外食のすすめ

「味のわからない奴に芸術はわからない」

私が敬愛してやまない、映画監督であり、伯父である故・黒澤明はそう断言した。根拠はありませんが、世界のクロサワの言葉となると、妙な説得力がありますね。ともあれ、食も芸術も〝爺の暇つぶし〟の大切なテーマであります。

我が家で心のこもった手料理を食べる。

もちろんそれに越したことはありませんが、毎日のこととなるとありがたみは消え、ただの流れ作業になっていきます。

特に年季の入った夫婦の場合、愛情は残っていてもロマンもエロスも失われていますので、ダンナ様が会社からバンバンお金を運んできた頃は、役割分担という感じで、当然のように食事を作っていた妻も、リタイアして稼ぎのなくなったダンツクに対しては、どうにも納得がいかない。しかも朝、昼、晩の1日3食ときたもんだ。「なぜ私ばかりが」と疑問を抱くのもむべなるかなですね。こうなってくると、食事も提供するというより、家畜にエサを与えるような気分。いや、家畜ならまだ役に立つ。

このスパイラルに陥ってしまったら、毎日が息苦しくてたまりません。人生のどんづまり。この先、楽しい展開なんてとても望めません。

そこで外食です！

私の古くからの友人で、1年のうち365回以上は外食を欠かさないMさんという女性がいます。それなりの年齢であるにもかかわらず、いまだに美少女オーラを醸し出す会社役員であります。

M女史に外食を毎日欠かさない理由を尋ねると、迷わず「外食は美味しく、楽しく、経済的」と答えてくれました。

一瞬、本当にそうだろうかとも訝(いぶか)りましたが、大切な両親を看取って一人暮らしとなった彼女にしてみれば、ステーキを1枚食べるにしても、牛肉、付け合わせの野菜、スープのことなどを考えると、確かにその通りなのかもしれません。

外食の効能については一言、「元気をいただく！」と明確な答え。

家で一人で食べていると、時間と空間のメリハリがないので、いつまででも食べていられる。お洒落をする必要も、姿勢を気にする必要もない。そんなケジメのない食事が続けば、心も身体もダレてくる。

一方、外食は読んで字のごとく、外で食べる。目的の場所に行くために、歩く、景色を見る、人と会う。外食をしている人は働いている人、たとえ働いていなくても外食をする元気のある人。元気な人に囲まれていれば元気になる。こうして元気の上昇気流に乗ることができる……というわけです。

いつも元気ハツラツなMさんの言葉だけに、説得力がありましたね。

外食を楽しく美味しく食べるためには吉川さんが前項で指摘したように、飯友が欠かせません。私は吉川さんとはまた違った飯友の作り方をご紹介します。

飯友の作り方

学友、仕事仲間、その他のプライベートで知り合った得体の知れない連中まで、気の合いそうな人にとりあえず声を掛け、自分のお気に入りのお店に誘えばいいのですが、その前にまず、そこが誘った人に本当に満足してもらえるか、冷静に考えてみる必要があります。

お気に入りの店とはたいてい、オーナーやら店長やらが顔見知りで居心地がいい、我がままがきく、などの理由でヒイキにしている場合が多く、時にはそういう空間が自分以外の人間にとっては、あまり気持ちのいいものではないこともあります。

肝心の味と値段はどうなのか……?

長く続けるためには基本はワリカン。払うほうは、

「あなただけが我が物顔で振る舞っている店でワリカンはどうも腑に落ちない」

と感じる人も多いでしょう。では、どうすればいいのか……?

まずは一人飯から始めましょう!

一人飯のすすめ

まずはある晴れた日に(別に雨でもかまわないのですが)、我が家を飛び出し、町を散策。気になる店があったら、思い切って入ってみましょう。

牛丼、立ち食いそば、ハンバーガーやファミレス等のチェーン店は避けてください。

それらは仕事が忙しい時にやむなく飛び込む店なんですよ。第一味気も個性もないじゃないですか。

美味しい店の見分け方は一概には言えませんが、ごく大ざっぱに言えば、門構えがきれいすぎない、お洒落すぎないがダサくはなく、ゴテゴテしないがある種の風格がある……そんな店がいい。実に何とも抽象的ですが、慣れてくると、これがなかなかよく当たるのです。私の友人で、風俗店の入り口を見ただけで、風俗嬢のサービスの良し悪しがわかる、と豪語する人がいます。鎌倉生まれの私も海で磯あそびをしている時、どの石をひっくり返せば、貝やカニが隠れているか、だいたい見当がつきます。何事においても地道な努力と経験が必要ということです。

パソコン、スマホをあやつれる人は、「ぐるなび」等を参考にしてもかまいませんが、あまり信用しないほうがいいですね。それを書いているのが、主に若者なので、爺の口に合わないこともしばしば。特にラーメン専門店等はいくら星のマークが並んでいても、油も塩分も分量も多すぎ、大量に残してしまうケースが多く、「残しちゃってスミマセンねェ」なんて謝ったりして。なんで私が気を遣う！

ネットではゆず、かぼす等の隠し味や、煮干し、いりこ等の出汁がガツンときいていると、それだけで評価が高くなる傾向があります。我々には当たり前の素材が、若者たちには目新しい（舌新しい）のでしょうね。自分のお気に入りは、まず自分の目で、次に自分の鼻と舌で探し当てるのがベスト。あまたあるお店の中からどれを選べばいいかと悩んだ時は、まずはターゲットを決めるといいでしょう。

◎和食好き、イタ飯好き、カレー好きは、まずそのジャンルから当たってみる。
演劇業界の一部では私のカレー好きは有名なようで「美味しいカレーの店に連れて行ってください」と言う役者もいて、若い飯友には事欠きません。この場合、どうしてもお勘定が私にまわってくることになるので、あまり頻繁には付き合いませんが。

ターゲットの決まらない人は……。
◎お気に入りの場所にこだわる。
東京なら銀座、原宿、六本木、戸越銀座から巣鴨の地蔵通りまで、どこでもかまいません。何となく肌の合う地域があるでしょう。私のお薦めは築地と神保町です。先入観念はなし。事前調査も必要なし。自分の感覚を最優先して、気になる地域をくまなくつぶしていく。ここは入ってみたいと思うお店や、「さあ、いらっしゃい！」とあなたを呼んでいるような店にめぐり逢えるはずです。

それでもピンとこない。とか、それ以前にどのあたりから始めたらいいかがわからない、という優柔不断な方は……。

◎自分の住んでいる駅、またはそこから最も近いメジャーな駅をターゲットにする。

はい、もうそろそろ決めてくださいね。まずはランチから始めましょう。

我々自由業やリタイア組は時間を選ぶことができます。12～13時のランチタイムには混んでいてとても入れないような人気店でも、その時間を避ければどうにかなる。

ランチなら割安ですし、基本的な素材の良し悪しや料理人の腕前は察しがつく。私にはつきません、という人も、何軒か廻っているうちに、驚くほど自分の好みや趣味に合う店、合わない店がクリアになっていきます。必ず1軒や2軒は気に入った店が見つかることでしょう。

そこで友人に連絡です。

「最近、焼き魚の美味しい店を見つけたんだけど、行ってみない？」

1人がお気に入りの店を3軒知っていれば、2人なら6軒。3～4人集まればすぐに2桁です。1年間、毎月1回、美味しい食事を楽しめる。新しい会話が生まれ、情報が入り、視野が広がり、日々の暮らしに弾力が生まれます。食生活がグンと広がり、どんづまりの毎日に風穴が開き、心地良い風が吹いてきますよ。

そこで最も評判の良かった店には一度、思い切って女房でも誘ってみましょう。「安くて美味しい店を見つけたんだけど、お前にも食べさせたいなと思って」。そう言われれば女房のほうだって嫌な気はしない。中には素直に喜んでくれる女房もいるでしょう。たとえ夫婦間で内戦状態だったとしても、たった一度の外食がきっかけで、休戦ぐらいにはなるかもしれません。

ただし外食中は、その料理を誉めるばかりではなく「この頃、よく外食をするようになって、逆に俺には家の料理が一番口に合っているってわかったよ」などとさりげなくフォローしておくように。せっかくの好意が嫌みに取られたら元も子もありませんからね。

お気に入りのランチ

ひょんなきっかけから野末陳平先生、吉川潮さんの3人でランチに行き、妙に盛り上がってしまい、それ以来、月に1度の恒例行事となり、月に2度となり、今では毎週の恒例行事となっています。

国会答弁やラジオの生放送で鍛えた陳平先生と、辛口コメンテーターとしても知られる吉川さんのトークが面白くないわけがなく、ランチの後もコーヒーを飲みながら、何時間もしゃべり続けています。

3人の共通点は下戸（げこ）でタバコを吸わず、車の運転をしません。食べることには貪欲で、味にも値段にもこだわるので、色々な店に行きましたが、今では行く店も限られていま す。車を持たないので東京の中心地ばかりで申し訳ないのですが、我々のお眼鏡にかなった店の名前、ジャンル、最寄り駅、主に注文する料理ベスト9をご紹介しましょう。

神尾＝天ぷら・日本橋・天丼

ＧＯＴＯＯ＝洋食・大塚・豚肉生姜焼セット（冬はカキフライ）

長春館＝焼き肉・新宿三丁目・和牛カルビ定食
雲林（ゆんりん）＝中華料理・淡路町・ランチコース（陳平先生は焼きそば）
パッチョ＝イタリアン・銀座・ランチコース
岡半＝ステーキ・銀座・薄切りステーキ定食
とん平＝とんかつ・巣鴨・ロースかつ定食
寿司の美登利（赤坂店）＝寿司・赤坂・お好み
近藤＝天ぷら・銀座・天ぷらコース

基本的にはどの店も予約なしで入れますが、最後の「近藤」だけは予約なしでは無理なので陳平先生に仕切っていただいています。

紹介した順番に意味はないのですが、おおむね値段の順に並べたつもりです。

ちなみに神尾の天丼は９００円、近藤の天ぷらコースは８６４０円。というわけで、さすがに近藤は年に１度か２度の贅沢ということになります。まあ、支払いも陳平先生にお任せしてますけど。

第2章

映画、音楽、ライブは暇つぶしの三種の神器

演芸を観るなら事前の情報収集が不可欠

私の専門分野である演芸に関してアドバイスをおくります。

以前、ある年配の落語家がこんなことを言いました。「これからは定年退職者が増えるから寄席の客が増えるぞ」と。

大変な思い違いです。リタイアして暇になった世代が増えたからといって、寄席の客が増えるわけがない。若い頃から演芸に興味のなかった人はいくら時間があっても行かないし、よしんばたまたま入ったとしても、その時につまらない芸人ばかり出ていたとしたら二度と行かないでしょう。落語を含めた演芸はすべて面白いわけではなく、優れた芸人が演じると面白いのですから。

これまでは演芸に縁がなかったが、ちょっと興味があるという方がいたら、まず情報収集することです。私が「いま東京で面白い落語家を教えてください」と訊かれたら、即座に名前が挙げられます。

三遊亭小遊三、春風亭小朝、柳亭市馬、三遊亭歌之介、立川志の輔、春風亭昇太、立川談春、立川志らく、立川談笑、立川生志、三遊亭白鳥、柳家喬太郎、林家彦いち、橘家文左衛門、柳家三三、春風亭一之輔、桃月庵白酒。以上の落語家の独演会の情報を集めてください。インターネットで検索してもいいし、大手書店で販売している『東京かわら版』という演芸情報誌を買い（定価400円）、出演者別索引で出演する会を調べればよい。

「うっかり寄席に入るとえらい目に遭う」と言ったのは、私が敬愛する立川談志師匠です。確かに高い入場料（2千500〜3千円）を出して入ったら、知らないおじさんばかり出てきて、つまらない話をしてうんざりすることがある。ですから、寄席に入ってみたいという方は、『東京かわら版』に番組が掲載されているので事前に出演者を調べ、お目当ての落語家がたっぷり演じるトリ（最後に登場する出演者）の出番の時に観に行くことをお薦めします。

都内には上野の鈴本演芸場、浅草演芸ホール、新宿末広亭、池袋演芸場、永田町の国立演芸場と5軒の寄席があり、落語協会と落語芸術協会の落語家が交代で（鈴本は落語協会のみで他は混合）出演しています。ただし、立川の亭号の5人は寄席に出ないので、独演会に行くしかありません。志の輔、談春の会はたちまち完売になるプラチナチケットなのでご注意を。運良く取れたとしたら、決して期待を裏切らない落語が聴けること請け合いです。独演会の入場料は3千円から6千円と寄席よりも割高ですが、私が推奨した落語家の会なら値段に見合うはずです。

もう一つの寄席の楽しみ

寄席の楽しみは落語だけではありません。色物（いろもの）と呼ばれる落語以外の漫才、コント、奇術、音曲、紙切り、曲芸などの演芸は目で楽しむものが多く、時には落語よりも楽しい。寄席に出演している漫才では落語協会のロケット団、落語芸術協会のナイツが面白いです。

紙切り芸人は客の注文を受けて切り絵を作るので、あなたが注文して切った作品は夕ダでもらえます。私が子どもの頃、人形町にあった寄席、末廣で父が紙切りの初代・林家正楽に歌舞伎の「勧進帳」を注文したのを覚えています。私自身は学生時代、新宿末広亭で2代目正楽に「長嶋茂雄」を注文して、打撃フォームを切り抜いた作品をいただきました。そして平成に入ると、長男を寄席に連れて行き、3代目正楽（当時は一楽）に「筋肉マン」を切ってもらいました。親子3代が3代の正楽に切ってもらったのですから良い思い出です。

寄席に行くなら、紙切りの正楽か二楽（2代目正楽の次男）が出ている寄席に入って注文してみてください。どんなに難しいお題でも切ってくれる。それを土産にしてもらえば入場料の元が取れたといえます。落語以外の演芸が楽しめる、それが寄席の良いところです。

映画はそれぞれの好みで

封切り映画の選び方は次項で島君が詳しく述べていますが、私の流儀も記しましょう。

邦画の場合、新作より旧作を多く観ます。昨今の愚にもつかないガキ向け作品よりも、面白いとわかっている旧作を観たほうがずっといい。昔はどんな地方都市にも封切り作品ではなく旧作を上映する「二番館」と呼ばれる映画館があったものです。東京にも数館ありましたが、平成に入ると銀座並木座、新宿昭和館、浅草中映などが次々閉館となり、今では池袋の新文芸坐等ほんの数館を残すのみとなりました。

私が通った大学が池袋にあったので、旧文芸坐時代から常連です。名物だった任侠(にんきょう)映画のオールナイト興行5本立てを観に行き、「待ってました、健さん！」などと親不孝な声を上げていた口です。卒業後はしばらく足が遠のいていましたが、60歳を過ぎてからは月に3、4回行くほどの常連に戻りました。邦画の新作で観たいと思う作品が少ないので、どうしても旧作中心になる。

改築後の新文芸坐は黒澤明、小津安二郎、成瀬巳喜男、マキノ雅弘などの名監督の特集や特定の俳優の出演作品特集などを売り物にしています。有名俳優が亡くなると、すぐ「追悼特集」を催してくれます。２０１５年は高倉健、菅原文太の特集を日替わり上映で長期にわたって催したので、私は度々通いました。両スターの作品は何度観ても面白く、娯楽映画の楽しさを堪能したものです。最近では伝説の女優・原節子、名脇役の加藤武の追悼特集をしています。

新文芸坐の観客はシニア層が中心で、客席の後ろから見ると白髪と禿げ頭ばかり。その中に映画好きの若者や女性客が混じっているのですが、高齢者が多いのは当然でしょう。やはり彼らも新作より旧作という方々なのです。旧作の2本立てがシニア料金1050円（友の会会員になるとさらに安くなる）で4時間近く楽しめるのですから、まさに「爺のパラダイス」といえます。

邦画の新作は時代劇を多く観ます。この1年では「石榴坂の仇討」「駆け込み女と駆け出し男」「超高速！参勤交代」などが観ごたえありました。現代ものは若年層向きの作品ばかりで、稚拙な若手俳優の演技に金を払って観る価値なし。いくら暇でも時間の無駄です。

洋画は毎週、最低1本は新作を観に行きます。島君ほどではありませんがよく観ているほうで、試写会ではなく映画館で金を払って観るのでシビアに選びます。私の場合、好きなスターが出ていれば無条件で観に行く。アメリカ映画のいいところは、ベテラン男優が主役を務めること。２０１５年公開の作品としてはロバート・デ・ニーロがアン・ハサウェイと共演した「マイ・インターン」がその代表で、大変面白かった。おまけに、アメリカは人材が豊富で若手の有望株が山ほどいるので、無名の俳優の主演作品でも面白いのであなどれない。それに比べて邦画は、ポッと出の若くて未熟な俳優を主役にするからひどい作品が多くてうんざりです。ベテランで主役を務めるのは役所広司と佐藤浩市くらいですが、彼らとて作品に恵まれているとはお世辞にも言えません。

60歳を過ぎると、１１００円のシニア料金で観られますが、60歳前の方は前売り券を買っておくといい。そのうち観に行こうと思っているうちに終わってしまったことがよくある。前売りを買っておけば、もったいないから必ず観に行きますものね。

とにかく、新作を選ぶことに関しては島君の意見を信用しているので、読者諸兄は彼の選び方を参考にしてください。

映画を探す、選ぶ、観る

映画、演劇、ライブ……。

客席に座っているのが2～3時間前後。

移動時間とランチまたは夕食の時間を加えてちょうど半日。

これほど格好の暇つぶしはありません。まさにキング・オブ・ヒマツブシ！

ところが問題は当たり外れがあること。

面白い映画に当たれば納得です。つまらない映画や芝居を延々と観せられた日には、思わず「金返せ！」と叫びたくなります。有り余るほどの時間があるにもかかわらず「俺の大切な時間を返せ！」と強気な発言も飛び出してしまいます。

映画の面白い面白くないはきわめて個人差が激しく、新聞や雑誌のコメントはおおむね独善的です。テレビのコメントなどは、常に大人の事情がからんでいるので、全くアテになりません。ハッキリ言います。僕だってたんまりお金をもらえれば、つまらないと思った映画であっても、多少は誉めちゃいますよ。

試写会で顔を合わせた映画評論家同士はあまり映画の感想を言いません。たいがいは「次、何の試写を観るの？」などと言葉を交わして、「じゃ、また！」でお別れ。自分が「素晴らしかった！」と思った作品を「あれは最低！」と決めつけられれば、何とも不愉快。映画鑑賞のプロとプロの意地が陰険にぶつかり合い、気まずい余韻がどこまでも続く。専門家でも意見がまっ二つに割れることがあるのですから、映画選びはやっかいです。

まず、自分の趣味に合った映画を観ることが重要です。ところが爺には、どこでそんな映画をやっているかが、皆目見当がつきません。「スマホでググればいい」と言われても、「スマホ持ってないし、ググれって何？」「ヤフーって何？」「ウェブケンサクって誰？」、そんなことを考えるだけで、うんざりしてしまう人も多いでしょう。はい、私もです。

エンタテイメント情報誌『ぴあ』が休刊になった時、私と放送作家の高田文夫さんは「これから俺たちはどうやって映画を観たらいいんだ？」と途方に暮れたもんです。

業界のトッププランナーの高田さんでさえ、一時は映画選びに頭を抱えていたのです。定年を迎えた年金生活の爺が迷うのは当たり前。今からボチボチ再開すればいいのです。
それでも映画好きの私と高田さんは、それぞれの方法で映画を見つける術を身につけていきました。二人は当時、ケイタイを持っていなかったので、それなりの苦労がありました。

私の場合、一時は映画評論家を名乗っていたので、試写状は届いていたのです。問題は、試写で見逃した映画がどこで、いつ、何時に上映しているかということ。

まずは久々に新聞をチェック。例えばスポーツ新聞。競馬コーナー（時には競輪やオートレース）の片隅にひっそりと、あった！

今でも「映画・演劇案内」は存在しているのです。

映画館別に約80本のタイトル（延べ30〜40作品）が並んでいますが、スペースが限られているため、タイトルが途中で途切れていることもあります。「ミッション・インポッシブル」が「ミッションインポッシ」となっていることもありました。インポッシで終わられると「爺にケンカ売ってんのか、コノヤローッ！」という気になってきますね。

まあ、そんなことはどうでもいいです。肝心なのはそこに劇場名と電話番号が記載されていること。新聞の世界は今でもメルアドではなく、電話番号。思わず嬉しくなってしまいました。

そこで、とりあえずその中の一つ、シネマコンプレックス（複合映画施設）に電話をしてみる。まずは「お電話ありがとうございます」という女性の声が流れるが、そこで「いえいえ、どういたしまして」などとお愛想を言う必要はない。これはすべてテープ。いや、正確にはテープではなくCDとかICレコーダーとかの類いかもしれませんが、そんなことは置いといて、先に進みましょう。

家から電話をすると、大まかに言って「ダイヤル操作による上映作品、上映時刻の案内」「それをFａｘで送信」「生身の人間による対応」という3つのサービスが受けられます。とりあえずFａｘで情報を取り出すことにする。ややタイムラグがあってから、1枚、時には2枚の用紙が、Fａｘからコトコトと吐き出されてきます。これで上映中の映画のタイトル（10本前後）とその時間がわかりますが、これですべてがクリアというわけではありません。

タイトルだけでは、平均的な爺にはどんな映画かわかりません。時には邦画か洋画かさえもわからないことも。中には観た、聞いたような気分のするタイトルに出くわすこともありますが、爺にとっては宣伝の行き届いたメジャーな大作・話題作ほど肌に合わないというケースも多く、世の中に知れ渡っていない小品にこそ名作があります。「じゃ、どうすればいいんだよ、おい！」って、もう、この際、出かけて行くしかないのですよ。一つ二つ、目星をつけて、老人よ、書を捨て、街に出よう！

どの映画館にも必ず、上映中の作品のポスターやチラシが用意してあります。まずは足を使ってそれをチェックする。

知っている監督の作品か、お気に入りの俳優が出演しているか、内容に興味が湧くか……気になる作品が何本か見つかれば、そこからは「消去法」です。

日本映画の場合、消去するべきは次の3つのパターン。

①テレビ番組の映画化。②原作が漫画。③主演がジャニーズ系またはよしもと系。

まず①の場合、テレビシリーズを見ていなければニュアンスが伝わらないし、お約束の場面でニンマリすることもできません。たとえ見ていた場合でも、余程のファンでもない限り、わざわざ映画にすることもなかったよなあ、と思うケースが大半です。テレビ用に作り続けていた作品が、劇場の大画面を意識したために、無駄にスケールが大きくなり、ストーリーが不自然になってきます。

家で見ながらケイタイをいじったり、部屋の片付けをしたり、ましてやコマーシャルの間に生ゴミを捨てに行ったりしている時には全く気にならなかった小さなアラや台本の穴が、映画館では妙に気になる。「相棒」も「HERO」も「アンフェア」も同じ轍を踏んでいます。どれがテレビ番組の映画化かがわからない時は、タイトルに「劇場版」とか「○○・ザ・ムービー」と付いた作品はとりあえずパスしたほうが無難です。

②の原作が漫画の場合、漫画ならではの大胆な設定、破天荒なストーリー運び、大げさなリアクションは、誌上では強力なパワーですが、それを生身の人間が演じるとなるとどうにもこうにもわざとらしい。観ているうちにいたたまれなくなってきて、時にはイライラが募ります。

原作のイメージを覆せば漫画ファンが黙っていないし、原作のイメージをそのまま映像化するには無理がある。かといって、どっちつかずもパッとしない。つまるところ、どう転んでもいい結果は生まれません。それでも人気タレントが出演しているので、そこそこのヒットはする。そうしてこの悪循環が繰り返されるのです。
③についても考えてみましょう。
ジャニーズのタレントもよしもとの芸人も、そんじょそこらの俳優よりも遥かに演技が達者だったりしますが、そういう映画はおおむね監督や脚本家より、タレントサイドのほうが発言力が強い場合が多い。忙しい人気タレントに気を遣い、あわただしいスケジュールの中で作っても、なかなかいいものはできません。

誤解がないように断っておきますが、この3つのパターンの映画を観るなと言っているわけでは、決してありません。観ないよりは観るほうがいいに決まっています。ただ迷った時には、これらの映画は避けて通りましょうということ。もちろん例外はあります。漫画が原作でも時には「海街Ｄｉａｒｙ」や「僕だけがいない街」のように心に沁みる作品も生まれれば、違和感をスパイスにしてキッチリ楽しませてくれる「俺物語‼」のような映画も登場します。

一方、消去法とは逆のアプローチもあります。

比較的信用できる俳優の名前を覚えておくのです。「映画の良し悪しを決めるのは、監督だろ。なぜ俳優なんだ?」と疑問に思う人も多いでしょう。

監督の名前を紹介してもいいのですが、ややマニアックになってしまうし、馴染みのない名前の羅列になってもいけないので、ここでは取り上げないことにします。

では、思いついた順に俳優の名前を挙げていきましょう。

現在の日本では、役所広司、安藤サクラ、藤原竜也、山田孝之、樹木希林、真木よう子、満島ひかり、蒼井優、宮沢りえ、沢尻エリカ、二階堂ふみ、前田敦子、リリー・フランキー、濱田岳……このあたりが主演にからんでいれば、まず安心です。もちろんこれまた例外はありますがね。

洋画の場合は日本同様の消去法は通用しません。

まずテレビ番組の映画化が日本よりグッと少ない。

60~70年代のテレビシリーズ「スパイ大作戦」を映画化した「ミッション・インポッシブル」シリーズも楽しいし、「0011ナポレオン・ソロ」の映画化の「コードネーム U.N.C.L.E.」は、2015年度の私のベスト10に入る大傑作。特にハリウッドの場合、テレビシリーズと映画は全く別物というスタンスで、プロットだけを残し、監督も出演者も替え、とてつもないお金と時間をかけて、新たな作品を生み出しているのです。

一方の漫画の映画化……これはアメリカン・コミックス、通称アメコミの映像化が大半ですが、これはこれで楽しめます。

リアリティーなどは微塵もありません。文化が違うせいかあまり違和感を抱かせない。観る側も所詮外国のお話、と開き直っているのでしょうか……。

「スーパーマン」「スパイダーマン」「バットマン」「アベンジャーズ」から「アントマン」まで、荒唐無稽、笑止千万のオンパレードだが、これはこれでアリじゃないの（アントマンだけに）と思わせてくれる。「スーパーマン」1本分で、通常の日本映画が50本は作れるほどの予算をかけてますしね。

日本以外の国ではジャニーズもよしもともEXILEも存在しませんので、特定のジャンルの俳優をパスするという方法が使えるわけもありません。

残るのは俳優で選ぶ方法です。かつてジョン・ウェイン、オードリー・ヘップバーン、スティーヴ・マックイーン等の映画に外れがなかったように、この方法はなかなか信頼できます。いい俳優には優秀なスタッフが付いているのです。

クリント・イーストウッド、トム・ハンクス、デンゼル・ワシントン、アンソニー・ホプキンス、メリル・ストリープ、リース・ウィザースプーン、ラッセル・クロウ、ウディ・アレン、ヒュー・グラント、ハル・ベリー、アン・ハサウェイ、アル・パチーノ、ジョージ・クルーニー、ケイト・ウィンスレット、ケイト・ブランシェット、ベン・アフレック、マット・デイモン、マッツ・ミケルセン、ジェニファー・ローレンス、ジェシカ・チャステイン、ジェイク・ギレンホール、ベネディクト・カンバーバッチ……まだまだいますが、キリがないので、このへんでやめておきましょう。これらの俳優が出演していれば、入場料を払っても損はないはずです。やはり例外はありますが……。

ポスターやチラシに知っている名前が一つも載っていない場合、大当たりもあれば大外れもあります。ヨーロッパはもちろん、インド、イラン、トルコあたりからも、新鮮な名作が続々と届いていますが、それらの国の映画人の名前を知っている爺はまずいないでしょう。洋画は邦画とは違って、必ずどこかの会社が買い付けているわけなので、これはヒドすぎるという映画はめったにありません。

とりあえず輸入、営業、商売というフィルターがかかっていますから。

だが、これまた油断大敵。映画の買い付けにもバーターという言葉がある。「BARTER」とは物々交換。ヒット確実の話題作を所有している映画会社は、この作品を売ってあげるから、倉庫で眠っているこっちの作品も買ってね、なんて取り引きがまかり通る。もう一つの意味は「束（タバ）」。名作と駄作を束にして買ってもらう。音楽業界では言葉を適当にひっくり返して隠語にする習慣があり、女がナオン、飯（メシ）がシーメーで、ホテルがテルホ……というわけで、タバがバーター。

時にはシーハーにもウーボーにもかからない外国映画が、堂々と上映されていることもあるので要注意です。

安全策を取りたい人は、「午前十時の映画祭」から始めるという手もあります。

この企画は主にTOHOシネマズ系の劇場でロングランされており、現在ではタイトルの前に「新」が付き、第3回を数えますが、2015～16年にかけても「ローマの休日」「風と共に去りぬ」「カサブランカ」「赤ひげ」「東京物語」等30作がデジタル版となって甦りました。

故・品田雄吉、おすぎ、襟川クロ等の、映画と共に人生を歩んできた人たちが、プライドを賭けてセレクトしているので、どれを観てもまず外れません。

吉川さんも言う通り、名画座を訪ねるという方法もあります。今ではすっかり激減してしまいましたが、池袋の新文芸坐などは最近でも高倉健、菅原文太から原節子の追悼上映、黒澤明特集から日活ロマンポルノまで、幅広い守備範囲を保ちながら、しっかりとしたポリシーを持って営業を続けています。

うーん、今さら古い映画もなあ、と感じた方は、いっそ3D映画をIMAXデジタルシアターで観るなんていうのは、いかがでしょう。年配者にとっては目にも身体にも少々キツいしお値段も張りますが、このインパクトは相当のものです。

私が最近IMAXで観た「エベレスト3D」の感想は「もう二度とエベレストには登りたくない」でした。本物なんか見たことすらないのに。

情報が乏しければ、映画雑誌に頼るのも悪くありません。『キネマ旬報』は昔のイメージのままで、『スクリーン』は『SCREEN』と名前を替え、内容もガラリと刷新して、今でも全国の書店で販売されています。邦画中心の『シネマスクエア』という雑誌もあります。どの雑誌にも新作の情報は載っていて、900円くらいで買うことができます。

一度試してみてはいかがでしょう……。

最近の映画は情緒がなくてつまらないという人も多いですね。確かに情緒に欠ける映画は増えてきましたが、つまらなくなったという指摘はどうでしょう。私の個人的な意見を言わせてもらえば、むしろ全体的にテンポが良くなり、撮影技術も向上し、昔より面白くなっている。苦言を呈する人に限って劇場で映画を観ていませんね。

現在の日本の人口は約1億3千万人。1年間で、チケットを買って映画を観る人の数（映画人口）もだいたいそれよりちょっと多いくらい。ビデオで観た人、株主優待で観た人、試写会で観た人は含まれていませんが、日本人は平均すると1年に1本しか観ていないという計算になるのです。

もし今、日本人が劇場で1年に1本、映画を余分に観れば、映画人口は一気に倍になります。そうなれば日本の映画業界だけにとどまらず、経済や文化にも好影響を与えるはずです。

最近の映画はどうもなんて言っている人も、とりあえず観てみましょうよ。映画のウンチクを語るなら、最低でも1年に100本は観てもらいたいですね。現在では1年に千本以上の新作が封切られています。100本観ても、10分の1、10本なら100分の1しか観ていないわけですからね。

私事で恐縮ですが、自分としては1年に300本以上の映画、300日以上の外出、300万円以上の収入のトリプルスリーを目指しています。ところがこれがなかなか達成できないのです。

家でのんびりとテレビを見てるほうがずっと快適。気楽だし、タダだし、と思っている人。確かにそれは言えるでしょう。でも、こんな私ですが、これだけは名誉にかけて断言します。

「日本で公開される映画の大半はテレビ番組よりずっとマシ！」

テレビのほうが面白いと本気で信じている人がいるとしたら、それはどこかでチョイスを間違ったのでしょう。出演者のネームバリューや宣伝文句につられ、テレビの延長のような映画を観てしまったら、本家のほうがしっくりくるのは当たり前です。さあ、傾向と対策を胸に秘め、映画館に足を運びましょう。我々の世代は「映画を観る」とは言わず、「映画に行く」と言いました。行くことが大切なのです。

いくつかの映画館では予告編の他に、映画情報を流しています。所詮コマーシャルなので、誇大広告も目立ちますが、大いに参考になります。

とりあえず映画と食事というコースを辿って（たど）いきましょう。

映画館に行って映画を観たら（たとえ観なくても）、チラシをゲットしましょう。非日常の空間はきっとクセになります。面白い映画に当たれば「もう一度」という気分になるし、つまらなければ、予告編に煽（あお）られ、「次こそ」と燃え上がる。60歳以上ならいつでも千円（1100円の場合も多いし、3Dだとメガネ代を請求されることもあります）。心にひっかかる映画は必ずあるはず。時には魂を揺さぶられるような感動的な映画にめぐり逢うこともあるでしょう。

身体は動かさなければナマります。心も同じで感動がなければ錆（さ）びつきます。映画は心の健康を保つためのトレーニング。適度な運動と適度な映画は「百利あって一害なし」ですよ。

お金や物は天国に持って行けないけど、素晴らしい想い出はれっきとした冥土の土産になります。

演劇を楽しむ裏技

映画と比べると、演劇関連は料金が高いですね。ナマモノだから仕方がないのかもしれませんが、名の知れた劇団や俳優の出ている芝居となると、1万円オーバーは当たり前。最近の作品では大竹しのぶ主演の「ピアフ」（シアタークリエ）が1万1千円。神田沙也加の出演する「ダンス・オブ・ヴァンパイア」（帝国劇場）は4千円～1万3千円。

劇団四季の「ライオンキング」（四季劇場）が3千～9800円。

スーパー歌舞伎の「ワンピース」に至っては3千～1万7500円。それなりの席でメジャーな作品を定期的に観に行こうとすると、経済的にかなり苦しい。

しかし、演劇という空間からは映画にはない生身の人間ならではの緊張感がピリリと伝わり、よどんだ心を活性化させてくれます。

では、名前の知られていない小劇団の芝居はどうでしょう。

平均すると基本的にはすべて自由席で、料金は3千円前後。それでも映画の倍だし、シルバー料金はなし、映画以上に当たり外れがあります。何しろ役者の半分以上は芝居ではなく、アルバイトで生計を立てている現状があります。

もし日本に小劇団の役者がいなくなったら、ファストフードと居酒屋の半分は従業員不足で経営が立ちゆかなくなるとも言われています。ノーギャラ出演は日常茶飯事。収入はささやかなチケットバック。3千円のチケットを1枚売って500円のバックとか。そうでなければやっていけない、シビアな世界なのです。

そんな人たちの集合体なので公演の3日前にようやく台本が完成したが、どう考えてもストーリーがヘッポコ、しかも主演女優が突然降りちゃった（でも、誰も知らない役者なので、誰も気がつかない）、なんてことも決して珍しくありません。

何が起こるかわからないのも芝居の楽しみ。そういう部分も含めて、芝居を観に行くというのは、なかなか刺激的なものなのです。

それにしても聞いたことも見たこともない出演者ばかりの芝居なんて、どうにも興味が湧かないという人は、役者と知り合いになってしまえばいいのです。

そのためには名刺があると便利です。

自分の名前と、ケイタイの電話番号、メールアドレスがあれば十分。ケイタイがなければ自宅の住所、電話番号を入れてもいいですね。

「でも、今の私には肩書きがありません」という人は作ってしまいましょう。

僕の友人のマリ・クリスティーヌさんは、カルチャー・コミュニケーターという世の中に一人しか存在しない肩書きを名刺に刷っていましたが、今ではそれがすっかり定着し、テレビ等で紹介される時もテロップに堂々とカルチャー・コミュニケーターと紹介されるようになりました。言い続ければ勝ちです。

友人の油井昌由樹さん（俳優）は「夕陽評論家」、俵山栄子さん（モノマネタレント）は「猫研究家」の名刺を持っていたことがあります。何でもアリなのです。自分の好きなものを想い出し、バード・ウォッチャー、アイスコーヒー愛飲家、ダンゴムシ研究家などと勝手に名乗っても、法律には触れませんし、誰も怒りません。

好きなものが見つからなければ自由人、フリー・ウォーカー、隠居、ノーマリスト、バガボンド、凡人、暇ツブシスト……何でもいいじゃないですか。

人が名刺を作れば、名刺が人を作ります。

ちなみに私の名刺には何の肩書きも印刷されていません。名前だけです。そういう手もアリですよ。

演劇の話に戻りましょう。まずは始めの一歩から。

とりあえず小劇場でチラシを入手。東京近辺に住んでいるなら下北沢、池袋あたりまで足を延ばす。東京に限らず、都会には大小の劇場がうじゃうじゃあります。

友人の子どもや孫が芝居にたずさわっていれば、その公演に顔を出す。友人に恩を売れるし、新しい経験にもなります。

そんな人がいるわけがないし、劇場のある地域からも遠いという人は、『シアターガイド』でも買ってください。わずか440円で、都内の公演の大半は把握できます。大小様々な劇場で、コメディー、人情劇から理解不能なアート作品までありとあらゆるタイプの芝居が上演され、小劇団では、名も知らぬベテラン俳優からアイドル予備軍までが、汗かきべそかき、必死の舞台を務めています。

チラシやガイドブックを眺めて、何か一つでもひっかかるものがあれば（女優の顔が好み。タイトルが面白い。チラシのセンスが気に入った等々）とりあえず行ってみる。

何よりもこの「とりあえず」の精神が大切です。

実際に芝居を観てみると「レベル、低っ！」というようなものが大半ですが、時には拾いものもあるでしょう。たとえレベルが低くても、その中に多少なりとも心に残る部分があったなら、次のステップに進みましょう。

小劇団の芝居では、終演後に出演者全員が出口のところでお客様をお見送りします。客席やロビーで交流をはかるケースも少なくありません。

この時にコネクションを作るのです。

劇場で配られたアンケートに記入し、魅力を感じる役者がいれば、男優でも女優でも積極的に声を掛けるのです。彼らは応援に来た友人や知人とおしゃべりをしている場合が多いので、タイミングを間違えると迷惑がられますが、お客さんと触れ合うためにわざわざ楽屋から出てきているので、基本的にはウェルカムです。

笑った、泣けた、きれいでした、とシンプルで好意的な感想を述べ、そして……名刺を渡すのです！

その時に「次の公演も観たいので、情報を送ってください」という一言を付け加えます。常に集客に苦しんでいる小劇団にとって、これほどありがたい申し出はありません。新規のお客さんはのどから手が出るほど欲しいのです。

この後は、メールやDMがしつこいほどやってきますよ。

目ぼしい役者がいなければ演出家、脚本家等に声を掛けるという手もあります。役者の一団からちょっと離れた所にポツンと立っているはずです。

役者から直接、または劇団から届く情報を頼りに、2~3回足を運べば、あっという間に顔を覚えてもらえます。

小ぎれいな身なりで、能書きを垂れず、時に差し入れでもしておけば、「あの変な名刺の爺さん、また来てくれたね」と劇団内の人気者になったりもします。

いつしか打ち上げの席などに呼ばれるようになります。こうして「小劇団の誘い」という新しい世界が広がっていくのです。若いクリエイターとの交流は身も心も若返らせてくれます。

ただし深入りは禁物。

女優をデートに誘ったりすれば、物笑いの種にされることもしばしば。相手から「たまには美味(おい)しいものでも食べさせてくださいよォ」などと、声を掛けられたなら話は別ですが、そんな時でも最初は2人以上を同時に誘いましょうね。

私の知り合いで小劇団の魅力に取りつかれ、60を越えてから芝居に出演するようになった人もいます。稽古場では孫ほど年の離れた若手の役者に怒鳴られたりしています。バカですね。でも、お酒やバクチよりは安上がり。それはそれで幸せそうですよ。

コンサートとライブは料金に見合うものを

好きな歌手のコンサートを鑑賞するのもまた楽しい暇つぶしです。私がよく行くのは、布施明、前川清、都はるみ、菅原洋一のコンサートで、いずれも6～7千円の入場料ですけどそれだけの値打ちがある。歌唱力が半端ではないからです。個人以外では伊東ゆかり、中尾ミエ、園まりの「3人娘コンサート」や、黛(まゆずみ)ジュン、小川知子、狩人、チェリッシュなどが出る「同窓会コンサート」などは日本のオールディーズともいうべき歌が聴け、懐かしさいっぱいになります。矢沢永吉と桑田佳祐のコンサートには一度行ってみたいのですが、いまだに機会がありません。諸兄にも好きな歌手がいるはず。インターネットで求められますし、ローソンチケットやチケットぴあのカウンターで前売り券が買えますから行ってごらんなさい。映画と同様、チケットを買っておけば観に行くはずです。

また、都内や大都市には、毎日のようにオールディーズの曲目を演奏するライブスポットがあります。この案内は音楽業界に顔が広い島君に任せましょう。

コンサートやライブへ行くのが億劫（おっくう）という方には、CDで聴くことをお薦めします。最近は有名歌手が他人の曲を唄っています。まずはカバーブームを巻き起こした徳永英明の〈ヴォーカリストヴィンテージ〉がいい。藤圭子の「夢は夜ひらく」に始まり、「虹色の湖」「人形の家」「夕月」「ブルーライト・ヨコハマ」「恋の季節」などが収録されています。布施明の〈昭和カヴァーズ・ヒッツ〉には「別れの朝」「時には母のない子のように」「遠くへ行きたい」「小指の想い出」「風」「夜明けのスキャット」などが入っていて、昭和の名曲が布施の美声で蘇ります。

女性歌手で「カバーの女王」といえるのは中森明菜でしょう。歌姫シリーズで多くの曲をカバーしていますが、中でもお薦めは〈フォーク・ソング　歌姫抒情歌〉です。「私は泣いています」「『いちご白書』をもう一度」「22才の別れ」「無縁坂」「わかって下さい」といったフォークの名曲を明菜のハスキーボイスがしっかりと聴かせてくれます。もう一人特筆すべきは幻の名歌手、ちあきなおみの〈ムード歌謡全曲集〉を挙げます。16曲の中では「ベッドで煙草を吸わないで」と「今日でお別れ」が素晴らしい。オリジナル曲の「雨に濡れた慕情」「喝采」も収録されているのでお得です。廃盤になっているかしれないので、ＣＤショップになかったらブックオフで探してみてください。

〈歌謡ポップス・ベスト〉というアルバムはＣＤショップで買いました。女性歌手の特集で、奥村チヨ、欧陽菲菲、渚ゆう子、小川知子、安西マリア、由紀さおり、黛ジュン、小林麻美などのヒット曲が収録されており、当時のファンにはたまりませんよ。

近年は通販でも買えます。私が通販で買った中で最高のセットは、名司会者・玉置宏さんがイントロで曲紹介する〈昭和ヒットコレクション〉５枚組（税込定価１万２８５

円／キングレコード）です。昭和歌謡の数々が玉置さんの名調子で紹介されるとなおさら引き立ち、思わず聴き惚れてしまいます。歌謡曲ファンにはイチオシです。

眠れない夜は無理に眠ることはない。朝寝坊すればいいだけです。寝床で眠くなるまで好きな歌手の好きな歌を聴けば夜長もまた楽し。これもまた爺に与えられた特権です。

ライブの魅力

この本を読んでいるご年配の方々には、ぜひライブの魅力を知ってもらいたいですね。前項に登場するような名の通った歌手のコンサートもいいですが、ライブもまた格別です。この2つの違いはごく大ざっぱに言うと、劇場、会館等で音楽を聴くのがコンサート、お店で飲み食いしながら聴くのがライブということになります。

ライブにも様々なタイプがありますが、我々爺にしてみれば、ガキの集団には興味がありませんし、今どきのロックを聴かされてはたまりません。立ったまま聴くのも嫌です。何がスタンディングですか！

そこでお薦めするのがオールディーズ・ライブです。

オールディーズとは古いポピュラー・ソング全般を指しますが、狭義ではエルヴィス・プレスリーの初期のヒットナンバーや「ダイアナ」「オー！キャロル」「ボーイ・ハント」等、昭和30年代（１９５５～64年）の欧米のヒットソング（ビートルズを除く）ということになります。

オールディーズ専門のライブハウスでは、ハウスバンドと呼ばれる専属のバンドが連日演奏を繰り広げています。ギター、ベース、ドラム、キーボードに女性ヴォーカルが加わるのが基本のスタイルです。

この代表格が、オールディーズ・ライブの老舗「ケントス」です。

六本木のケントスは今からちょうど40年前の１９７６年にオープン。日本中に嵐のようなリヴァイヴァル・ブームを巻き起こし、黄金期にはフランチャイズ展開も始まり、南は沖縄、北は北海道まで、30の支店が生まれました。

ついにはハワイ、北京にも上陸。

その当時の勢いは望むべくもありませんが、現在でも東京に3店舗、地方にも数店舗、時には形態を変えオーナーを変え、生き残っています。長い歴史の中で紆余曲折があり、今では「ケントス」という名前でありながら本部とは全くかかわりのない店も存在しますが、横浜、仙台、京都、静岡、名古屋のケントスは本家公認のケントスです。

そのすべての店がオールディーズにこだわっているわけではなく、東京では六本木だけがオールディーズ（１９５０～60年代）、新宿はソウル・ミュージック（１９６０～70年代）、銀座はディスコ・サウンズ（１９７０～80年代）と棲み分けができています。地方のケントスはその美味しい所を適当にミックスしているようです。生粋のオールディーズ・ファンにとっては残念な気もしますが、仕方ありません。

エルヴィスの「ハートブレイク・ホテル」が発売されたのが１９５６年。その時に20歳だった人は、現在80歳！　夜の盛り場に繰り出す元気のあるリアルタイマーはめっきり減ってしまったのです。

ケントスに追いつけ追い越せと、雨後のタケノコのように現れたライブハウスもまだまだ何とかニーズがあるようで、こちらも形態を変え、時には名前まで変えて、各地で営業を続けています。代表的な店はケネディ・ハウス（銀座）、ジョニー・エンジェル（小岩）、ルート66（新百合ヶ丘）、フライデー（横浜）、キャロル・ハウス改めメモリーズ（新宿）、サーティエイト改めヒューズボックス（錦糸町）、リトル・ダーリン改めハート&ソウル（横浜）等。

多少のバラツキはありますが、値段はどの店も、おつまみ1品とお酒を2〜3杯飲んで、ミュージック・チャージ込みで4千円前後。オールディーズ・ライブに行って何より嬉しいのはあの輝かしい時代にタイム・スリップできること。CDに耳を傾けるのとはまた違ったストレートな感動が味わえるはずです。

音楽セラピーとしても有効です。盃（さかずき）を酌み交わし、懐かしい音楽を聴きながら、爺同士で青春時代の思い出に浸ってはいかがでしょう。カラオケボックスのように歌えはしませんが、その代わり踊ることができます（ツイストやゴーゴーじゃ！）。クラス会の2次会などにはもってこい。リクエストも受け付けているはずなので、大好きな曲が生で聴けるかもしれません。オールディーズ好きの若者も少なくないので、彼らを誘って、年季の入ったツイストを見せてやりましょう！　ウンチクを垂れたり、若き日の武勇伝を語るのもいいですが、こちらは煙たがられない程度に、ホドホドに。どちらにしても演奏中は音楽がうるさいので、あまり話は弾みません。

ライブなんて興味がない、と公言している人に限って、虜（とりこ）になってしまったりするものなのです。

私はそんな人を何人も知ってますよ。

スポーツ観戦の楽しみ方

私は野球が大好きで、昔からヤクルトスワローズの大ファンとあってよく神宮球場へ応援に行きます。2人の息子を子どもの頃から野球場に連れて行ったので、2人とも熱烈な野球ファンになりました。長男はなぜかロッテマリーンズファン、次男はスワローズファンです。子育ては母親任せで決していい父親ではなかったのですが、球場と映画館と公園にはよく連れて行きました。そのせいで息子たちは野球ファンになり、映画をよく観るようになった。

プロ野球のホームチームは全国に散らばっています。地元のホームの球場に行ったことがないという方は一度出かけてみませんか。野球が好きでない方でも球場の雰囲気は好きになると思います。ただ、私はドーム球場の騒音が嫌いです。応援団のこうるさい演奏と声援が屋内に響き渡るからで、北海道と九州にお住まいの読者には申し訳ないが、日本ハムファイターズとソフトバンクホークスの本拠地がドーム球場なのはお気の毒としか言いようがない。野球は空の下でやるもので、雨や風の影響を受けるのもゲームの面白味なのですから。できれば屋根のない球場へ行きたいものです。私は下戸ですが、観戦しながら飲むビールは格別の美味しさと上戸は言います。地元のチームを大声で応援すればストレス発散にもよろしい。

それはサッカー観戦にも言えます。プロ野球のチームよりも数が多いので、地方在住の方々にはサッカーのほうが馴染みがあるスポーツなのかもしれません。サッカーファンの長男に言わせると、どこのスタジアムもきれいで設備が整っているとか。野球よりも地元チームへの声援が盛大で熱狂的らしいです。

3年前に長男とアメリカのメジャーリーグを観戦した時に気がついたのは、家族連れの観客が多いことです。ボストン・レッドソックスの本拠地、フェンウェイパークで、老夫婦がお揃いのスタジアムジャンパーと帽子を身に付け応援している姿は実にほほえましいものでした。親子連れが多いのはもちろん、祖父と孫の組み合わせも多かった。もし私に孫ができたら、物心がついた頃には球場へ連れて行くでしょう。孫の世話も絶好の暇つぶしでしょうが、自分の趣味に付き合ってくれたら申し分ありません。男の子のお孫さんがいる方は小学校に入ったら球場へ連れて行ってあげなさい。孫とお揃いの帽子をかぶって贔屓(ひいき)チームを応援するのは爺の冥利に尽きるというものです。

私はゴルフはやりません。これまでに複数の友人から薦められましたが、やらなかったのは早起きが苦手なのと、自家用車を持っていないのでゴルフ場まで電車で行くのが面倒くさいから。それに道具やプレー代に金がかかるスポーツということもあって手を出しませんでした。ただ、この齢になるとゴルフができる友人がちょっと羨(うらや)ましくもある。芝生の上を歩くだけでも気持ちがいいでしょうし、仲の良い友人とおしゃべりしながらラウンドするのは楽しいでしょう。もしあなたがゴルフを趣味にしているのなら、「健康に良い暇つぶしがあっていいですね」と言いたい。コースに出なくても、近所の練習場で打ちっぱなしをするだけでも運動になります。いつまでもお元気でプレーできることを祈っています。

第3章

散策は金がかからない暇つぶし

庭園と公園は爺の憩いの場所

元気な爺に共通するのは、よく歩くことです。足腰が丈夫だから外出できる。暇つぶしをするには歩けるのが必須条件と言えます。私もよく歩きます。車を運転しないこともあるし、タクシーに乗るのはもったいないからちょっとくらいの距離は歩いてしまう。それに用事がなくとも、近所の公園を毎日散歩してます。ゴルフをやらないぶん、街中を歩いているのです。

東京は実に緑が多い都会です。驚くほど多くの公園と庭園があります。地方都市に住んでいる方は東京よりも緑が多い散歩コースに恵まれているに違いない。とりあえずあなたが住んでいる街の地図を広げてみましょう。必ず周囲に公園があるはず。私が住んでいる練馬区氷川台には城北中央公園という広大な公園があり、散歩コースになっています。

私は名前が吉川だからかもしれませんが、常に川の近くに住んでいました。最初は神田川沿いの中野区東中野、所帯を持った新宿区新小川町も神田川の側でした。そして、現在は石神井川べりの練馬区氷川台に住んでいます。川べりを歩くのはいいもので、小さな橋の上から水面を眺めていると心が落ち着きます。今さら言われなくても、川の近くに住んでいる方は毎日歩いていることでしょう。でも、駅と自宅の間だけでなく、たまには足を延ばして川べりを歩くと思わぬ場所に出て、「こんな所に店があったのか」というような新しい発見があります。雰囲気の良い喫茶店でも見つけると嬉しくなります。散歩は決まったコースだけでなく、ちょっと回り道、寄り道してみましょう。

散歩は一人が原則です。自分のペースで歩くほうがいい。友人とおしゃべりしながら歩くのもけっこうですが、話に夢中になり周囲の景色に目が行き届かなくなる。目でも楽しむため、私は一人の散歩を好みます。

都内で電車に乗ってまで行きたい公園の第一は日比谷公園です。銀座や新橋に近く交通利便、広大な敷地で緑だけでなく四季の花が愛でられる。そして、暑い時は大噴水が涼気を振りまく。こんな公園が都心にあることに感謝してます。ニューヨークを訪れた時、セントラルパークを散策して、広さでは負けても雰囲気では負けていないと思ったくらいです。園内にはカレーで有名な「松本楼」を始めレストランやカフェが何軒もある。歩き疲れた時にベンチで休み、お腹がすいたり喉が渇いたりしたらすぐ店に入れます。

お金を払っても行きたいのは、新宿御苑ですね。２００円で何時間も楽しめる。日比谷公園に勝るのは芝生がたくさんあること。晴天ならば靴と靴下を脱いで裸足になって歩くと実に気持ちが良い。芝生に寝ころがれば、真っ青な空と白い雲が視界いっぱいに広がります。これだけでも入園料の価値がある。４月になると桜が咲き誇り、種類が多いから長期間花見ができます。八重桜は4月下旬まで咲いてます。桜が終わると5月のバラ。ここのバラ園は種類が多く、様々な品種と色合いのバラが見られます。秋バラは10月から11月が見ごろです。バラ園の側にはプラタナスの並木があり、ベンチに座って木洩れ日を浴びながら木々を眺めていると時が経つのを忘れます。もちろん紅葉の季節には木々が色づくので見所が多い。園内には抹茶とお菓子がいただける茶室や、売店の脇には休憩所もあるので、飲食の場所に事欠きません。芝生の上で弁当を食べるのも良し。近くに新宿の繁華街があるとは思えない都会のオアシスです。

桜の季節に御苑以外で毎年出かける名所は、王子の飛鳥山公園、神宮外苑、隅田公園、千鳥ヶ淵、江戸川橋などです。前述した家の近所の石神井川沿いの桜並木と城北中央公園内の桜も見事です。池袋から地下鉄で10分ほどなので、まだ行ったことのない方はぜひ訪れてみてください。私が案内したいくらいです。

枝垂(しだ)れ桜で有名な駒込の六義園(りくぎえん)は入園料が65歳以上だと150円です。私は枝垂れ桜より5月のツツジの時期をお薦めします。色とりどりのツツジが楽しめる。ここの園内にも休憩所があり、抹茶とお菓子がいただけます。ツツジは根津神社の境内が有名ですが、六義園も負けていませんよ。

清澄庭園もけっこうな処(ところ)です。ここへ行くには地下鉄の清澄白河駅で降りると近いのですが、私が見つけた絶好のコースを教えましょう。まず、都営新宿線に乗って森下駅で降りる。そして、芭蕉記念館に立ち寄ります。館内の裏口を抜けると隅田川沿いの遊歩道に出ます。川沿いをブラブラ歩くと芭蕉庵史跡展望庭園に突き当たる。側にある芭蕉稲荷をお参りすると、目の前に萬年橋があります。隅田川の支流の小名木(おなぎ)川に架かる小ぶりの橋です。橋の上から森下を背にして右を見ると大きな隅田川、左を見ると小さな小名木川。この景色があるから、私が東京で一番好きな橋なのです。萬年橋を渡って清洲橋通りに出れば清澄庭園はもう目と鼻の先。園内の池には鯉がたくさんいるので、エサ持参で出かけるといいでしょう。森下から約30分、川沿いコースで清澄庭園へ一度お出かけください。

公園で目を凝らす

公園や庭園の楽しみ方は人それぞれです。

私は吉川さんと違って、美しい佇(たたず)まいや全体像にはあまり魅力を感じません。特に庭園などは納まりすぎて、物足りない。そこで野外の施設では、もっとミクロで、少々マニアックな楽しみ方をしています。

私が最も気軽に訪れているのは、大都会の白金台駅からわずか徒歩5分、目黒駅からでも10分で到着する「自然教育園」。ありがたいことに65歳以上はタダ。入り口付近ではどこにどんな花が咲いているのかが一目でわかる「見ごろ情報」というチラシを入手することができます。これもタダ！

ここでは広大な敷地の中に、数多くの植物が生息し、昆虫やトカゲなどの小動物や様々な野鳥などが見え隠れしています。そして、夏になるとナンバンギセル（南蛮煙管）という奇妙な寄生植物を見ることができます。茎は薄茶色で、赤茶けた線の入った山吹色の萼（がく）の中から、ラッパ型の淡紫色の花がニュッと顔を出しています。世にも怪しげな植物で、私はここでしか見たことがありません。他にもシーズンによって、キンラン（金蘭）、トラノオスズカケ（虎の尾鈴懸）などの絶滅危惧種とめぐり逢うことができます。どんな花かはあえて説明しませんので、知らない人は漢字のイメージで想像してください。

夏の「さいたま緑の森博物館」でもめったに見ることのできない植物に出会えます。小手指（こてさし）駅からバスで約20分、さらに歩いて10分と、交通の便は良くないのですが、こちらは年齢に関係なく、誰でも無料。

博物館といっても、建物の中ではなく、だだっ広い雑木林や湿地が広がっています。

ここでは夏になると、ヒメザゼンソウ（姫座禅草）を見ることができます。

ヒメの付かないただのザゼンソウという植物もありますが、この花は赤茶色のミズバショウという風貌で、小部屋でだるま大師が座禅を組んでいるように見えるところから、この名前が付きました。動植物の世界では基本的に姫は「小さい」、鬼が「大きい」という意味です。

はい、ヒメユリとオニユリの違いもこれでクリアになりましたね。オニユリよりカサブランカのほうがデカい、というツッコミはなしです！　ヒメザゼンソウはザゼンソウとほぼ同じ姿形をしていますが、サイズは3分の1ほどなのです。

ここでは春には10種類以上のスミレの花が咲くこともあります。

シーズンごとに様々なツアーを催行していて、私たちが行った時は「デンデン虫を探そう」でした。なんと6種類のデンデン虫を見つけることができました。大の大人がデンデン虫を探して嬉しいのかって？　はい。嬉しいのです。

「古代蓮会館」（埼玉県行田市）のハスの花も見事。

1400～3千年前の種子から発芽した行田蓮やら、珍しいオニバス（鬼蓮。はい、意味はわかりますね）等、約40種類にも及ぶ色とりどりのハスの花を楽しむことができます（公園は無料、古代蓮会館は入場料400円）。展望台から眺める田んぼアート（いくつもの田んぼに色違いの稲を植えて描いた巨大な絵）も楽しい。

近くの水城公園では、かつては奄美大島以南にしか生息しないといわれていたアカボシゴマダラ（黒い線の入った白い羽の先に赤い点々の付いた大型の美しい蝶）のガッチャンコ（交尾）に遭遇して、気がふれたようにカメラのシャッターを押し続けたことがあります。「富士竹類植物園」（500円）では運良く、100年に一度しか咲かないといわれる竹の花を鑑賞することができました。こちらは小さすぎて、残念ながら写真には収められませんでしたが。

タイミングさえ合えば、冬の「上石神井公園」では空飛ぶ宝石と呼ばれるカワセミや優雅な黒鳥（ブラック・スワン）など、美しい鳥を、春の皇居では御衣黄（ぎょいこう）という黄緑色の、文字通り異色の桜を見ることができます。

私にとって公園は、常に驚きと感動の宝庫なのです。

文京区にある自宅からぶらりと日帰りで行ける所だけでも、数え切れないほどの魅力的な公園が点在します。ましてや日本全国にはどれほどの公園や施設があるのか想像もつきません。

さらに登山とまではいかなくても、高原や湿原は動植物のパラダイス。目指す草花や思いがけない昆虫などに出会った時は心の底から喜びが込み上げてきます。

いくら歩いても疲れません。嘘です、疲れます。疲れるけど……楽しいです。

我が家には、こうして撮り続けた動植物の写真や、その他の写真にキャプションを加え、自分なりにレイアウトして作り上げたアルバムが約３００冊！　誰に見せるわけでもありません。私が何らかの事情で外出できなくなったり、寝たきり老人になった時は、じっくりと見直そうと思っています。

それはそれで何だか楽しみなのです。

お参りは心が浄められる

私は特定の宗教を信仰していません。ただ、神社にはよく行き、5円玉か10円玉をお賽銭(さいせん)にあげてから手を合わせ、家内安全を願います。それだけで気分が良くなる。月に一度はお参りする神社は近所の氷川神社。やはりご近所の神様は大事にしたい。毎月地下鉄で30分以上かけて出かける人形町の小網神社は、小ぶりな佇まいが大好きです。明治神宮は参道の緑が好きなので、散歩を兼ねてお参りします。深川に用事があると富岡八幡宮と深川不動へ立ち寄ります。お不動様の参道は下町情緒をたっぷり楽しめる。都心にある神田明神、日枝神社は何かのついでにお参りできるのがいい。

読者諸兄がお住まいの都市や町、村にも必ず神社があるはずです。近所の神社に毎日お参りするも良し、有名な神社は遠出しても行くべき価値ありです。京都にお住まいの方は神社仏閣が多いので羨ましい。お参りしなきゃ、それこそ罰が当たりますよ。

私は墓参りが趣味の一つなので、お寺や霊園によく行きます。まずは、両親の命日と春秋のお彼岸に参り、談志師匠のお墓がある本郷のさくら霊園は毎月月命日に参っています。日暮里の谷中霊園には恩師、色川武大先生のお墓があり、ご命日とお盆、秋の彼岸に参ります。先生の命日は4月なので、毎年霊園の参道の桜並木は花吹雪です。神社の参詣と同様、墓参りはお墓に線香をたむけ手を合わせるだけで心が洗われたような気分になります。親族や友人の墓所が遠くにあると面倒くさいでしょうが、そんなに遠くなければ、お墓参りは絶好の暇つぶしになります。我々世代は両親が亡くなっている方のほうが多いと思います。同世代の友人が亡くなることも少なくない。身寄りの方々のお墓参りに行きましょう。良い供養になります。

美術館・博物館巡りは精神衛生上とても良い

あなたが住む都道府県には必ず美術館と博物館があります。特に都内と神奈川県と京都府は数が多い。どこも暇つぶしには持ってこいのスポットです。ネットやスマホで調べられる方は、地元で今どんな展覧会、展示が催されているか調べてみましょう。一つくらいは行ってみたいと思う催しがあるはず。美術館と博物館は館内に入るだけでもアカデミックな雰囲気に浸れます。文化の香りとでも言いますか、独特のオーラに包まれるのです。

私はモネなどの印象派の絵画と浮世絵が好きなので、特別展があると必ず行ってます。近頃は仏像や仏画が好きという人が増えているようです。食わず嫌いの人もいるので、とにかく一度館内に入ってみてください。また、たいてい建物の周囲が緑に囲まれているので、散歩コースとしてもよろしい。

都内ですと、上野公園内の国立西洋美術館と東京都美術館、下町風俗資料館、北の丸公園の東京国立近代美術館、乃木坂の国立新美術館、広尾の山種美術館、浮世絵を常設している原宿の太田記念美術館、両国の江戸東京博物館、深川の深川江戸資料館などがお薦めで、明治神宮を参詣した後に太田記念美術館へ、または清澄庭園の後に深川江戸資料館へ、隅田川散策の後に江戸博へというコースは私の定番です。

以上、有名な庭園、公園、神社、お寺、美術館は電車を使って行くだけの値打ちがありますが、まずは家の近所でバリエーションのある散歩コースを設定してください。

博物館は雑学の宝庫

私は美術館より博物館のほうが好きです。

美術館よりおおむね安くて、空いていて、敷居が低い。気軽にぶらりと立ち寄れます。

日本橋にある貨幣博物館（入館無料）には大判小判がざっくざく。日本で発行されたあらゆるお金が展示されています。

金貨や銀貨の崇高な美しさや、古いお札のポップな面白さには目を見張ります。

外国のお金もあり、１メートルを超す石貨もありますし、インフレ時のジンバブエで発売された１００兆ジンバブエドル札も間近で見ることができます。これを数字で示すと実に１００、０００、０００、０００、０００！　気が遠くなりますが、ハンガリーではそれよりさらに７つゼロの多いお札もあります。兆の上の京（けい）の上の垓（がい）という単位。もう笑うしかないですね。

この近くに逓信総合博物館もあったのですが、現在は郵政博物館としてスカイツリーの隣に引っ越しました。

こちらは入館料が300円で、何度でも出たり入ったりすることができます。切手好きのワンダーランドで、約33万種類の切手を見ることができます。切手も人生のように色々で、金箔、銀箔、銅箔、プラスチック、エンボス加工からホログラムまであり、ベルギーにはチョコレートの匂いのする切手も、ブータンにはレコードになってしまった切手まで存在し、なんと本当に音楽を聴くことができるそうです。内容はブータンの国歌や民族音楽。さすが世界一幸せな国、アホなことをやってくれます。

まさに博物館は雑学の宝庫ですね。

ただし、私にとっての頭痛の種は、こういうコレクションを見ているとコレクター魂が騒ぎ出し、自分もまた集めたいという気持ちになってしまうことですね。今さらどんなに気張っても、これらのコレクションの100兆分の1も集められないでしょう。そう思うと悲しくなります。そこで、これは自分のコレクションで、コインや紙幣は貨幣博物館、切手は郵政博物館に預けているのだと思うことにしました。休館日以外はいつでも見ることができます。自分の家に置いてあってもめったに見返すことはありませんので、大差はないような気がします。

渋谷にあったたばこと塩の博物館とは本気で張り合いました。

私のタバコ・コレクションは約8千種。中には博物館でも所有していないようなレアなパッケージもあります。父の友人が専売局（JTの前の専売公社の前！）の初代局長だったため、その人のコレクションを、大切に保管するという約束のもと、すべて無償で譲り受けたからです。こうして博物館に足を運ぶ度に、落胆したり、ドーパミンを発散したりしているわけです。

皆さんもぜひ、自分の好きなもの、子どもの頃に好みだったものを思い出してください。オルゴール、おもちゃ、貝殻、ラーメン、かまぼこ、クワガタムシ、寄生虫……ありとあらゆる博物館が日本全国に点在しています。写真撮影の自由な観光地のトリック・アートや温泉街の秘宝館にもまた、それなりの楽しみがあります。入場料もスケールもクオリティーも実に様々ですが、好みの博物館を楽しんでください。

必ずや新たな発見があるはずです。

第4章

旅は道連れも良し、一人旅も良し

一人旅を楽しむ

旅行に関して、私と島君の好みは対照的です。私は国内、島君は海外が多い。私は基本が一人旅、たまに友人と2人で、島君は奥さんと出かけます。私が一人旅が好きなのは、散歩と同じで自分のペースで観光できるからです。55歳になってＪＲの〈大人の休日倶楽部〉に入会しました。ＪＲ東日本とＪＲ北海道の路線に限って運賃が5％オフになります。さらに、65歳になって〈大人の休日倶楽部ジパング〉に入り直したところ、なんと東海道新幹線まで運賃と特急券が30％オフに（ひかりに限りますが）なりました。

毎月旅行案内が届くので、そこで見つけたツアーに何度か参加しました。一番良かったのは、越中おわら風の盆ですね。三味線と胡弓による哀愁漂う旋律と、女性の踊りの美しさに、目と耳の法楽を得ました。ゴールデンウィーク明けに出かけた北上川・角館・弘前花見ツアーも良かった。東京の桜が終わってひと月近く経ってからの花見で、東北の桜を堪能しました。

それからお薦めは全国の名城巡りです。日本には全国に美しいお城があります。東京にだって旧江戸城、現在の皇居があり、その周囲は散策に持ってこいのスポットです。私が訪れた数十の城の中で気に入ったのは、第一に彦根城、続いて会津若松の鶴ヶ城、弘前城、松江城、上田城がベスト5です。天守閣に上がって眺望を楽しむも良し、日本史に興味のある方は城と城下町の歴史を知るも良し。それに城跡公園もあれば桜や紅葉の名所もある。城巡りは楽しみが多いのです。私と親しい落語家、春風亭昇太君は城マニアで、それも山城の跡を歩くのが好きという珍しい愛好家です。ここであの合戦があったんだと、戦国時代に思いを馳せるそうです。こういう楽しみを見つけるのも暇つぶしの一興でしょう。

私は一度も行ったことがありませんが、しょっちゅう格安バスツアーに行っている友人がいます。最近は面白い企画がたくさんあるとか。食事と現地の土産(みやげ)物売り場が充実していて、たかがバスツアーとあなどれないそうです。一度パンフレットを取り寄せて調べてみようと思っています。

都内にお住まいで、旅行は申し込んだり切符の手配をするのが面倒だという方がいたら、全国都道府県のアンテナショップ巡りをお薦めします。新橋、銀座、日本橋に点在しているので、何かのついでに立ち寄れるのもいい。店内には名産品が並び、現地へ行かなくても買えるのです。中には店内で名物料理が食べられる処(ところ)があって、私は池袋東口にある宮城県のアンテナショップで牛タン定食を食べました。

銀座一丁目の広島県のアンテナショップは1階が名産品売り場、2階に広島風お好み焼きの店があり、3階のイタリアン「パッチョ」では、広島の特産品を使った料理(焼き牡蠣(がき)など)が食べられます。ここは私と島君、陳平先生の行きつけの店の一つで(29〜30ページ参照)、1500円のお得なランチコースがあります。

海外のツアー旅行ガイドは何十ヵ国も行っている島君に譲るとして、最後に「旅先での思いがけない人との出会いも旅の楽しみ」という逸話を書きたいと思います。それは2015年の春、島君と2人で琵琶湖湖畔にある陳平先生のセカンドハウスを訪れた時のことです。大津在住の島君の友人、A君が自家用車で連れて行ってくれた石山寺や三井寺で花見をしたり、近江牛のステーキを先生にご馳走になったり充実した旅行でしたが、帰京の日に立ち寄った京都で思いがけない人物に出会いました。それは八坂神社前から乗ったタクシーの初老の運転手です。

陳平先生が何かのきっかけで、「運転手さんは前に何をしていたの？」と尋ねたところ身の上話が始まりました。何でも以前は愛媛県宇和島市でバスの車掌さんだったそうで、ワンマンバスになったことでリストラに遭い、運転手を目指して大型免許を取得したものの雇ってもらえず、家族に冷たくされ、様々な職を転々としたあげく遠洋漁業の船に乗ったというのです。気の荒い漁師の集団に溶け込めず、新入りゆえのいじめに遭いそうになったところ、彼を救ってくれた友人の漁師がボス格だったので被害者にならずにすみました。ところが、航海中に友人との仲が気まずくなったことでいじめの対象となってしまいました。このままでは殺されるとさえ思ったそうですが、何とか帰港して九死に一生を得ました。

運転手の淡々とした語り口が面白く、3人は思わず話に引き込まれ、つい「無事に帰れて良かったねえ」と言ったくらいです。宇和島の職安で京都市内のタクシー運転手の仕事を紹介してもらい、家族と離れて単身赴任で働いているとのこと。苦労がにじみ出た風貌なので70過ぎているのかと齢を尋ねたら、なんと63で私や島君より年下なので驚きました。京都駅が見えた時、突然運転手が言いました。

「実は私、芸名を持っているんです。宇和島で鳥羽一郎のコンサートがあって、鳥羽さんの持ち歌を唄うのど自慢で優勝したら、鳥羽さんが芸名を付けてくれたんです」

私は車を降りる直前、「なんていう芸名なの?」と訊きました。すると、「波止場次郎」と答えました。3人は去って行くタクシーを見送りながら大爆笑です。鳥羽一郎の命名で波止場次郎。港町出身にぴったりの芸名で、身の上話としては最高のオチでした。

こういう人との出会いがあるから、旅は楽しいのです。

旅行をする

①お言葉に甘える

地方には時々、とてつもないお人好しが存在します。

何かの拍子で、遠く離れた場所に生まれ育ち、今もそこに住んでいる人と知り合ったとします。例えばそこが滋賀県だとする。一言二言、言葉を交わして、いい人だな、楽しい人だな、波長が合うなと思ったら、次の段階に進みましょう。一度でも滋賀県に行ったことがあるなら、前々から大好きな県でした、とお愛想の一つでも言ってみましょう。行ったことがなければ、どんな所ですか、とストレートに尋ねるのも良い。本当に好きなら、その魅力について思いのたけをぶつけ、行ったことがなければ、お薦めのスポットや食べ物について遠慮なく質問をしましょう。

日本人の多くが自分の生まれ育った土地に対して深い愛着を抱いています。懇切丁寧に教えてくれるはず。自分の故郷を自慢するのは、息子や娘の話をするように嬉しいものなのです。

話が一区切りついたところで、感情を込めて「いいですねェ。一度行ってみたいなァ」とつぶやいてみせる。

相手は間違いなく「ぜひ一度おいでください」と言うはずです。時には「私どもがご案内しますので」と付け加えてくれることもある。

さあ、ここからが勝負です。

「その節はどうかよろしく」と話を締めてしまったら、そこから先が続かない。ではどうするか……。

まず住所、電話番号、メールアドレス等を交換する。そして、後日、手紙を出す。ここがポイント。メールよりは手紙のほうが望ましい。手書きのほうが誠意が伝わる。電話などはもってのほか。いきなり電話をして、話が噛み合わなかったり、相手がこちらを忘れていたり、気まずいムードが漂うこともある。

後日というのは、1週間後くらいが望ましい。翌日では物欲し気に映るし、逆に1カ月も経ってしまえば印象が薄れてしまいます。

手紙の文面は当然「先日は楽しいお話を聞かせていただいて、ありがとうございます。ぜひ滋賀県行きを実現したいと思っております」というような内容になりますね。電話やメールと違って、相手も手紙であればじっくりと考えてから返事を出すことができます。当然、無視する人もいます。それはそれでかまいません。「勢いで」、あるいは「いやいや」承知されても、いい結果は生まれない。

相手に選択の余地を残すことが大切なのです。

お返事がなければ、ハイ、それまでよ。初対面の「ぜひおいでください」はすべて社交辞令だったということでしょうか。

もし「ぜひどうぞ、心よりお待ちしております」という返事がきたら、お礼の言葉と共に自分が行くことのできる「具体的な日程」を書き添える。相田みつをは苦手だが「ともかく具体的に動いてごらん　具体的に動けば具体的な答が出るから」という言葉はきわめてリアルだ。ここで相手も「あっ、この人、本気なんだ！」と気づくことになる。地元の意地にかけて「おらが街の魅力を何とか教えてあげよう」と男気、女気に燃える人も現れる。「そこまで言われたらもう後に引けない」と覚悟を決める人もいる。

「ぜひ、来てもらいたいところですが」と前置きしたうえで、農繁期、親の介護、孫の世話などの理由で断ってくる場合もあります。親の介護や体調不良など、先の見えないトラブルで断ってきたなら、ここはおとなしく様子をうかがうしかないですね。ゴリ押し、ガブリ寄りは厳禁。ただし農繁期とか伊勢海老漁の解禁とか、ある一定の期間と想定される場合は、第2案として別の日程を提示する。それでもなお断られたら、ハイ、それまでよ。ふざけやがって、ふざけやがって、ふざけやがってコノヤロー！　と笑って引き下がりましょう。

ところが時には「何日と何日は好都合なのでぜひ」とか「いついつはこんなイベントがあるのでよろしかったら」という返事が来ることがあるかもしれません。

世の中には、本当に来てもらいたい、と思っている人もいるのです。我々にはもちろん、相手にとっても絶好の暇つぶしだったりするのです。

そんな時は迷わず、すぐに話に乗りましょう。もちろん交通費や、時には宿泊費はかかりますが、私の経験上、これがハズレくじということはまずありません。異文化を体感し、人の優しさに触れ、新しい風景が見えてきます。年を取ってからの初体験は格別。さあ、次はこちらが相手を接待する番です。暇なんかありません。その人とはかけがえのない生涯の友人になれるかもしれないのです。

②パック旅行に参加する

他人とべったりはうっとうしい、と感じる人は多い。人の世話になるのは肩身が狭くて嫌、という人もいます。

特に年齢を重ねた男性は頑固になり、意固地になり、人とのかかわりが億劫（おっくう）になってきます。会社を退いて、肩書きを失くした人には、何とかその殻から抜け出してほしいものですが、無理をして他人と交渉してもストレスになって逆効果。そんな人にはパック旅行をお薦めします。

パック旅行では国内の日帰り旅行から海外の長期旅行まで、効率良く廻れるスケジュールがきっちり組まれています。添乗員任せで、右と言われれば右、左と言われれば左、食べ物のメニューまで旅行会社任せ、集合時間と集合場所以外は一切頭も気も遣わないという旅行もなかなかオツなものですよ。

ある程度の年齢に達したら、「旅をする」なんて感覚は捨ててもいいでしょう。「自分探し」とか「自由気ままに放浪する」なんてカッコつけている場合じゃありません。自分は探さなくたって自分だし、帰るべき場所もハッキリしているのですから、観光旅行と割り切って、風景や食事、時には温泉を楽しむ。それで十分。

パック旅行の長所は、最大公約数の楽しみを安価で提供してくれること。個人で行けば、それなりの料金がかかるところを、バスで多人数を一気に運び、コストを切りつめる。重い荷物は預けっぱなしでかまわない。たいていの場合、短時間であちこち廻るのであわただしいけれど、何よりも「楽チン」なのです。自分で電車やバスのチケットを買い、あるいはマイカーで長時間のドライブ。スケジュールを組み立て、ホテルや食事の手配もする。パック旅行ではそういうわずらわしさからすべて解放され、旅行代金も自分で手配するよりも遥かに安上がり。2割3割は当たり前。時には半値以下、海外旅行に至っては10分の1以下も珍しくない。何も考えず日本中の、あるいは世界中の名所旧跡をくまなく巡ることができるのです。

まあ、考えることといえば、デジカメの電池が残っているかとか、忘れ物落とし物がないかとか、トイレのタイミングとか、せいぜいその程度でしょう。

一人で参加するも、夫婦や家族で参加するもよし。普段は家事に追われて余裕のない妻も3食観光付きで、おおむねニコヤカですね。

基本的には観光も流れ作業なので、感動は薄いが、トラブルも少ない。

「私は前立腺肥大症でトイレが近くて」なんて言っている人も心配無用。長時間のバス移動の際も、これでもかというほど、トイレ休憩があります。

旗を持った添乗員の後を、金魚のフンみたいにゾロゾロついて行くなんて恥ずかしいと感じる人もいるでしょう。美学を持った爺（じじい）には耐えられないかもしれませんが、爺なんて元々恥ずかしい生き物なんです。そこで不平不満を口にして、自分の殻に閉じこもるほうがもっと質（たち）が悪い。昔、会社の重役だった年配者がパック旅行に参加して、ちょっとテレながら、ニコニコと団体行動を楽しんでいるなんて、ステキじゃありませんか？

時の流れに身を任せ、余裕たっぷりに老後を満喫している。そんな感じです。

お仕着せのパック旅行では、どこで何をしたのかすぐに忘れてしまう。その点、自分で計画して、自分の意志で歩いたほうが、記憶に残り、感動も深い。はい、その通りです。それができるなら一番。でも、年寄りはあまり力んじゃいけません。個人旅行は体力的、精神的、経済的にもちょっとキツいなあと二の足を踏んで、世界を狭くするくらいなら、お手軽旅行に飛び込んでみませんか？

第5章

テレビとインターネットに依存してはならない

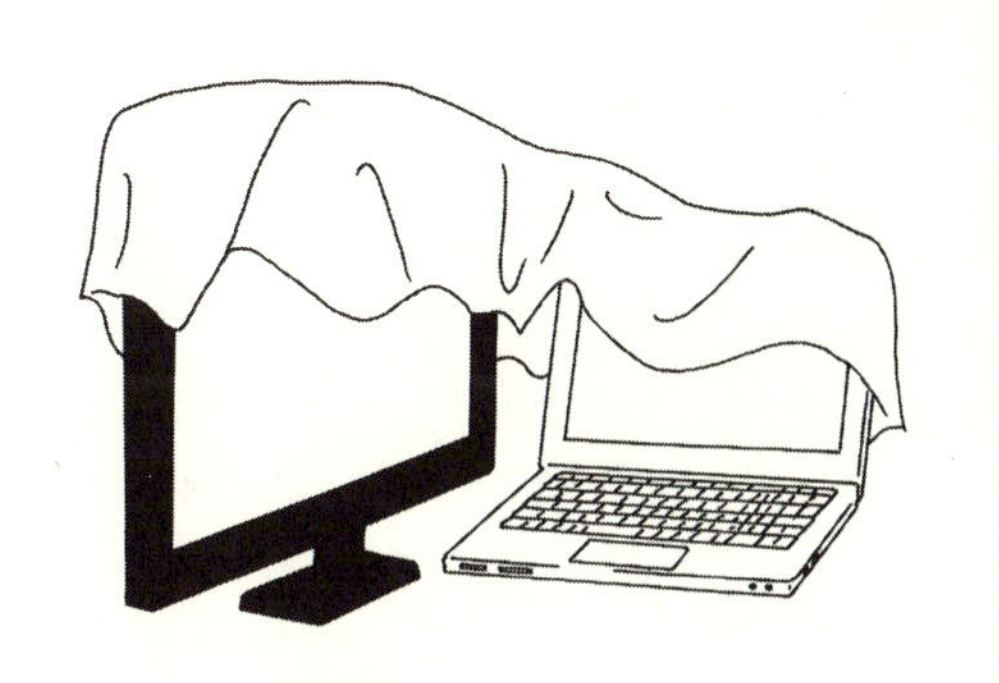

テレビを見過ぎると馬鹿が伝染(うつ)る

テレビは両刃の剣です。テレビを見るのが一番の暇つぶしになると、部屋に引きこもる時間が長くなり、いつの間にか出不精になっている。外出しないと足が弱る、弱るとますます出かけなくなる。この悪循環は最も避けなければならないことで、テレビ依存症になってはいけません。テレビを見るだけが楽しみという老後は、あまりにも寂しいではありませんか。寝たきり老人ではないのですから。

私は数年前まで「日刊ゲンダイ」紙上においてテレビ評のコラムを連載していました。つまりテレビを見るのが仕事だったので、かなり長時間見ていました。しかし、あまりに民放の番組がくだらないので、批評をするのが嫌になり「もう地上波は見ない」というタイトルでBS、CSの番組を紹介するコラムに切り替えたのです。その連載も終了したので、現在は趣味として見ています。地上波はNHKのニュースとテレビ朝日の「報道ステーション」くらいしか見ていません。ケーブルテレビのジェイコムに加入しているので、CS放送ばかり見ています。日本映画専門チャンネルで邦画の旧作を、時代劇専門チャンネルで「鬼平犯科帳」「座頭市」などの時代劇ドラマを、ムービープラスとザ・シネマで洋画の旧作を、Jスポーツでプロ野球と大リーグの中継を、FOXとスーパー！ドラマTVでアメリカの連続ドラマを見るだけで精一杯。とても地上波番組を見る時間はありません。特に刑事ドラマ、サスペンスドラマの面白さたるやハリウッド製の映画並みで、はっきり言って和製ドラマなど屁みたいなものです。ケーブルテレビに入っていない視聴者は今日からでも入ってください。最近は加入者が増えたことで年々料金が安くなり、私がジェイコムに支払っているのは、NHKの受信料と電話代込みで月平均8千円です。これでBS、CSの30以上のチャンネルが見られるのですから安いものでしょう。

民放のバラエティーやドラマばかり見ていると馬鹿になります。昔から「馬鹿は伝染る」と言いますが、テレビを見ているだけで馬鹿が伝染りますから注意するように。

私も島君もパソコンを持っていません。あれば便利なのはわかっているのにあえて持たないのは、私の場合、よけいな情報を入れたくないからです（島君の場合は単なる電子機器オンチか?）。インターネットを使うと、知りたくないことまでも知ってしまう。特に匿名による誹謗中傷は見るに耐えません。私はこれまで悪口を書く時、常に名前を出しました。匿名で悪口を書くネット族を卑怯者と軽蔑しています。「知らぬが仏」「見ぬもの清し」でいいと思っています。

読者諸兄の半数以上はパソコンを駆使していると拝察します。くれぐれもよけいな情報に振り回されないでください。インターネットに依存しないようにしてください。テレビと同じで、依存症になると外出しなくなりますから。爺の暇つぶしは、「機器を捨てて街に出よう」が基本です。

ダメダメな暇のつぶし方

ダメダメな暇のつぶし方といえば、1にパチンコ、2にテレビ、3、4がなくて5に病院で決まりでしょう。

本来なら1にテレビとしたかったところですが、「1にパチンコ〜」のほうが七五調で語呂がいいため、こちらにしました。アシカラズ……。

日本の映画の年間興行収入は約2千億円。ハンバーガー・チェーンは6千億円くらいでしょうか。そして、パチンコは20兆円といわれています。

ちょっとォ〜、ニッポンの皆さ〜ん、映画よりパチンコですかァ〜？

これは少々みっともないような気がしますね。

これが逆なら、日本の文化レベルはもっと向上し、経済も潤うはずです。映画業界にお金が落ちれば映画関係者はもとより、劇場、ロケ地、レストラン、仕出し屋、印刷業、交通機関、貿易と、芸術分野を中心に様々な業界が活気づきます。

パチンコではそうはいきません。今では法律が整備され、みだりに海外に送金することはできませんが、それでもその隙間をかいくぐって、売り上げの一部は北朝鮮にも流れているでしょう。皆さんがパチンコを打って失ったお金が、テポドンを作るのに使われているかもしれないのですよ。

最近ではパチンコのTVコマーシャルが妙にカンに触ります。例えば軍艦マーチが流れ、チーンジャラジャラという効果音、さあ、パチンコでストレス解消、というような内容なら無視するだけですが、最近ではパチンコ台すら映らず、可愛いキャラクターが登場し、「みんなで次のワクワクへ」などと余裕たっぷりなのです。不健全なイメージを払拭しようという戦略のようで、私はいつも、

「キレイごとを言うんじゃない、バクチだろが！」

と叫びたくなってしまうのです。

なぜパチンコがダメダメなのかといえば、まず同じ姿勢で同じことをやり続けるからです。パチンコ以外のことは考えない。広がりも発展性もない。

しかも安易に大金が動く。

小さな椅子に座り、血走った眼で一点を見つめ、あわよくば大金をせしめてやろうという根性があさましい。

暇つぶしで濡れ手に粟ってわけにはいきません。

パチンコのコマーシャルを流し続けるテレビ局もテレビ局です。今ではプライドを捨て、お金さえ払えば誰でもお客様というスタンス。インターネットやゲームに押され、仕方がないといえば仕方がないのでしょうが、貧すれば鈍す、ですね。

そんなテレビに一日中かじりついている人もいます。

精神衛生上、いいわけがありません。

確かにテレビは便利なツールで、自宅に座ったままで様々な情報や娯楽を手に入れることができます。必要なのはわずかな電気代だけ。外出が億劫になった爺がテレビに依存するのも無理はありません。

ニュースやバラエティー番組で情報を得て、クイズ番組で新しい知識を得て、人によっては世の中のことがすっかりわかったような気になってきます。でも、テレビで得た知識なんて、私に言わせれば、脳のぜい肉です。自分自身の足で現場に赴き、五感で確かめた知識だけが、脳の筋肉になるのです。

インドネシアにはサテーという名前の料理があります。串に刺した鶏肉に、ピーナッツで作った甘いタレをつけたアジアの焼き鳥のような食べ物で、どの村に行ってもこれを提供する屋台があります。これが美味しい。特にまわりでニワトリが放し飼いになっているような屋台のサテーは絶品です。まず素材が違う。エサはもらっているのでしょうが、足りないぶんは空き地や原っぱを駆けずり廻り、バッタやトカゲをつかまえて食べているのです。ブロイラーを食べ慣れている日本人の口には、ちょっと硬いかもしれませんが、身が引きしまり、味が濃く、うま味がぎっしり詰まっています。

テレビから得る知識は、鶏小屋に閉じこめられたブロイラーが流れ作業でもらったエサと一緒。別に地鶏になりたいわけでも、美味しくなりたいわけでもないのですが、やっぱりブロイラーにはなりたくないなと思うわけです。脳のエサは、身体の動くうちは自分の足を使って、調達したいものです。

私はラジオ番組でおしゃべりをする時、たった一つだけ自分を律していることがあります。それは、特別な事情がない限り、テレビや週刊誌で得た情報は口にしない、つまり自分が直に見て感じたことだけを発表するようにしているのです。マスコミというフィルターのかかった、匂いとも肌ざわりとも無縁な情報など、誰の心にも伝わらないと思っているからです。

私は決してテレビを見るなと言っているわけではありません。一日中ダラダラと見続けるのはやめて、自分の好きな番組や気になる番組を選んで見てほしいのです。

私のまわりにも「この前、テレビで見たんだけどさあ」という話ばかりをする人がいますが、そういう人とは自然と疎遠になっていきます。相手がどこで何とめぐり逢い、どう感じたのかが訊きたいのに、そこを自分の言葉で語れない人に対してはどうしても「煮ても焼いても食えない奴だなあ」と苛立ってしまうのです。

インターネット……。

あはは、何ですか、それ？

私と同じようにパソコンを全く使わない人間に、なぜ使わないのかと訊いたところ「下手な所を触って爆発すると恐い」と言っていました。私も同感です。

パソコンを使えない弊害は様々なシーンで登場します。

この本の執筆中、玉子サンドの値段が知りたいと思った時はコンビニに行って商品を確かめ、後楽園〜銀座間の地下鉄の料金が思い出せなかった時は後楽園駅まで自転車を飛ばし、チェックしました。ジンバブエのお金の単位が気になった時は、本屋で『地球の歩き方』を立ち読みしました。

チャップリンの言葉を正確に引用しようとした時は、さすがに息子に頼み込み、インターネットで調べてもらいましたが。

パソコンが自由に扱えたら、どんなに早く作業が進んだことでしょう。どでも逆に、私がそういう人間だったら、この本は書けなかったような気がします。どちらのほうが良かったか、なんて誰にもわかりません。

時に病院の待合室が老人のたまり場、社交場になっていると聞きます。同病相憐(あいあわれ)れむ。それもわかりますが、朱に交われば赤くなり、水は低きに流れます。

本人がよほどしっかりしていない限り、病人とばかり一緒にいると、活力が失われていきます。犯罪者と付き合って、犯罪に走ってしまうというケースが少なくないのと同じです。病院は病気の時にだけ行きましょう！

吉川さんは図書館を推奨していますが、あまり私はお薦めしません。読みたい本があるなら話は違いますが、いつも定刻にやって来て、新聞や週刊誌とニラメッコというのはどうでしょう？

病院の待合室、近所の公園、図書館という爺の暇つぶしのゴールデン・トライアングルにはまり込むと、一種の中毒になり、なかなか抜けられなくなってしまうのです。どこも気楽で自由でテーマがありますが、広がりがありません。いつしか日課となり、行動範囲が狭まってきます。外界からの驚きや感動と疎遠になり、老け込みワールドへまっしぐら、となってしまうのです。

病院、公園、図書館はほどほどにして、元気な人たちのいる所、生きる欲望のうずまく所へ、積極的に出かけて行きましょう。

それはレストランであり、パーティーであり、野球場なのです。レストランなら店員さん、パーティーならお客さんたちと積極的におしゃべりをしましょう。きっと新しい刺激が待っています。
老人に囲まれていると、老人になってしまいますよ。

第6章

60過ぎたら気をつけなければならないこと

交遊関係を整理する

60歳を過ぎた頃から意識して交際範囲を狭めました。2010年に母が亡くなり、喪中で年賀状を出さなかったのがきっかけです。その翌年に談志師匠が亡くなったので喪に服し、年賀状を出しませんでした。以来、年賀状をやめてしまったら、届く年賀状が減り、それによって人間関係が整理できました。ついでにお中元、お歳暮を贈るのをやめました。以前から数人にしか贈っていませんでしたが、先方も高齢になって、何をもらっても嬉しくないようなのでやめたのです。やめたからといって付き合いがなくなるわけではない。結果、虚礼廃止はいいことばかりでした。

次に、加入していた日本ペンクラブと日本文藝家協会を退会しました。入会の推薦人だった井上ひさし先生と早乙女貢（みつぐ）先生が亡くなり、会員でいる意味がなくなったからです。そして2014年、長年務めていた落語立川流の顧問を辞めました。談志師匠が亡くなって3年経ち、役目は果たしたと考えたからです。以来、演芸関係のパーティーに出席することがなくなり、特定の落語家を除いて、いわゆる演芸界とは縁が切れた状態になりました。

ますます交友関係が狭くなって寂しくなった？　とんでもない。せいせいしたくらいです。特に演芸関係は芸人を含めて、「今までよく付き合ってきたな」と思う連中が多く、縁を切ってさっぱりしました。談志一門の中にも付き合うのは御免という連中がいるのです。義理の付き合いをやめると、本当に大切な友達だけが残り、その方々と付き合うだけで十分楽しい毎日を過ごしています。つまり、義理の付き合いで暇つぶしをしても決して楽しくないのです。ただし、パーティーに関しては、大好きという島君の意見もあるので参考にしてください。

私は自分の携帯電話の番号とメールアドレスをめったに教えません。仕事関係の連絡は自宅の固定電話に掛かってくるようになってます。携帯番号を知っているのは家族、親族を除くと20人ちょっとです。以前はもっと多かったのですが、機種を替えた際、番号とメルアドが変わったことを人によって変更通知しなかったのです。それで登録している人数がますます少なくなりました。島君に話したら、「20人？　僕の〝あ行〟のぶんより少ないんだね」と言われました。彼の交際範囲は広く浅く、友人の数は半端じゃありません。それでどんないいことがあるのか、島君が教えてくれるはずです。

パーティーに行く理由

吉川さんは前項で「島君はパーティーが大好き」と書いていますが、自分としては特に好きとは思っていません。

それでもほとんどのパーティーへの出席を拒んでいる吉川さんから見れば、あちらこちらのパーティーに顔を出している私がそう映るのは無理のない話です。

私は慢性的な金欠病と戦っているので、会費が必要なパーティーには基本的に出席しません。おい、お金を払わないでいいパーティーなんてあるのか、と問われれば、あるのです。あまり一般的ではないので参考にならないと思いますが、私の場合は物書きと並行してタレント（の真似事）活動もしていますので、賑やかし要員として新曲発表会、会社の記念行事、プライベート・パーティーなどの招待状が届きます。

本来なら、その会費に見合う、あるいはそれ以上のご祝儀を包んでいくのが業界のしきたりなのですが、私は結婚披露宴などの特殊な場合を除いて手ぶらでお邪魔します。なんだあの野郎、非常識だ、二度と誘わねえ、と思われればそれで終了です。

その代わり、最低でもジャケットは着用、会場内では人様の迷惑にならないように振る舞い、司会者から呼ばれればいつでもステージに上り、スピーチもします。主催者に対して多少のヨイショだってします。それでチャラだと思っています。たまに笑いを取るために毒舌に走り、関係者の逆鱗に触れることもありますが、そういう時は、こんなシャレもわからないなら、こっちから願い下げだぜい、と開き直ります。はい、人当たりがいいわりに自己中心的なのです。

なぜパーティーに出席するかといえば、やはり刺激を求めているからでしょう。

初めて出会う人や演し物や空間……そのすべてに淡い期待を寄せています。ほとんどの場合、何の収穫もないままお開きを迎えることになるのですが、それでも時には新しいガールフレンドができたりすることもあるでしょう。「日刊ゲンダイ」のコラムや雪村いづみさんの喜寿を祝うコンサートの司会などの私好みの仕事は、パーティーで知り合った方からいただいています。ごくごくたまにですが、素敵な人脈や仕事につながることがあります。出席しなければゼロですからね。

では、そういうものを求めて出かけて行くのかと言われれば、ちょっと違うような気がします。むしろ、何だかわからないものを求めているのです。

♪愛を失くして　なにかを求めてさまよう
　似たもの同士なのね（真夜中のギター）
♪だのになぜ　なにを探して　君は行くのか
　あてもないのに（若者たち）
♪何かを求めて　振り返っても
　そこにはただ風が吹いているだけ（風）

私の青春時代である昭和40年代は誰もが何かを求めていました。その何かをつかまえることのできないまま、私は今日まで来てしまいましたが、青春時代のトキメキのかけらを胸に秘め、もうしばらくは何かを求めて、パーティー会場をさまよってみようと思っています。

友人の効能

吉川さんのケイタイのアドレス帳に登録している友人の数は20人あまりと書いてありますね。あっぱれというか、すがすがしいというか……私にはちょっと想像がつきません。私のケイタイには「あ」で始まる友人・知人だけで32人。「お」に至っては50人を超しています。ざっと数えて約１００倍。

吉川さんからは、友人関係のしがらみを整理すればもっとスッキリして、無駄な時間を省略できると忠告されています。確かに中には5年以上も連絡を取っていない人も、もう死ぬまで会わないかもしれない人もいるのですが、コレクター体質の私にはなかなか踏ん切りがつきません。

友人が多いということのデメリットはあまり感じないからです。しいて言えば、電話を掛けたりメールを送ったりする時に、なかなか電話帳から相手の番号やアドレスが探せない。年賀状を書くのが一苦労、切手代も5万円ほどかかる、等ですね。年賀状は毎年レトロな写真を使ったり、イラストや一発ギャグをあしらったり、パズルを作ったり（解答者にはプレゼントあり！）など、自分なりのこだわりを持って作っているので、楽しみに待っている人もいます。メカニックが苦手で切手好き。ツイッターもブログもラインもやらないので、年に一度の年賀状くらいは続けていこうと思っています。

一方、メリットは色々です。多方面に友人が散っているので、わからないことはおおむね教えてもらえる。パーティーのゲストが見当たらない時も、英語の歌詞を日本語に訳したい時も、骨董品を処分したい時も、心配無用。友人が力を貸してくれます……とここまで書いて気づいたのですが、かなり範囲が限定的で、人生の根源にかかわるようなことではありませんね。そう考えると友人の多い少ないは良し悪しではなく、単に嗜好というかライフスタイルの問題のような気がします。

大切なのは友人の多い少ないではなく、どう付き合うか、ということでしょう。

ただし……。

私は暇は宝物と書きましたが、私にとっては友人もまた宝物です。財産は多いに越したことはないのです。備えあれば憂いなし、なのです。

Yoshikawa

爺（じじい）の身だしなみ

爺だからこそ小ぎれいにしなくてはいけません。小ぎれいというのはまず清潔なことで、洗濯した下着とシャツを着るのが必須です。お堅い会社勤務だった方はネクタイと背広が制服みたいになって、会社を辞めた後、何を着ていいかわからない方もいると思います。カジュアルというとゴルフウエアになってしまうのでは情けない。奥さんに任せっぱなしで、出された物を着るだけというのは悪しき習慣です。

まずは買い物に出かけましょう。高いブランド品を買うことはありません。ユニクロで十分。私は以前、Ｊプレスやニューヨーカー、バーバリーなどの服を買っていましたが、近年は安さや品質の良さに引かれて、下着、靴下、シャツなどをユニクロで買うようになりました。自分で選ぶセンスに自信がなかったら、店員に頼んでコーディネートしてもらえばいい。ユニクロの店員はプロですから、喜んでシャツ、パンツ、靴下まで選んでくれます。

年を取るとどうしてもブラック、グレーなどのモノトーンの色合いの物を選びがちですが、どうせなら明るい色合いの物を選ぶことです。ピンク、赤、パープル、ライトブルー、レモンイエローなどのシャツとセーターを着るだけでグッと若返ります。野末陳平先生はいつも明るい色のベストやセーターを着て、女性から「可愛い」と言われています。女性が見て可愛いと思えるカジュアルファッションが爺の理想です。

帽子は爺の必須アイテム

電車の中や町中で禿げ頭や髪の薄い男性を見かけるにつけ、「どうして帽子をかぶらないのかしら」と思います。中には他人に不快感を与えかねない頭の人もいるからです。最近のカツラは良くできていますが、バレバレのカツラは笑いの種にされやすい。私はいつも帽子をかぶっていて、今やトレードマークになりました。20年近く前、髪が薄くなってきたのを隠すのと寒さしのぎ、夏は日差しを防ぐためにかぶったのですが、かぶっているうちに似合ってくるもので、今では欠かせないアイテムになりました。冬物と夏帽子、それぞれ6つずつ持っていて、値段は数万円するボルサリーノのソフト帽、パナマ帽から、2～3千円の布製のハットとニット帽までピンキリです。

帽子に1万円以上かけるなら服を買ったほうがいいと思う方は、布製のハットをお薦めします。夏は熱中症を防ぎます。冬の散歩の時は耳まで覆うニット帽が温かい。どちらも安いのがいいですね。ちなみに、陳平先生はいつもハンチングをかぶっています。これも熟年世代にお薦めです。よくキャップをかぶっている方を見かけますが、競馬場、競輪場にいる予想屋みたいで決して品の良いものではありません。野球観戦以外はおよしになったほうがいい。キャップをかぶっても風格がある爺さんは在りし日の高倉健だけですよ。

帽子はお洒落なうえに防寒、熱中症予防になるので、ある程度の年齢になったら必需品と言っていいでしょう。もう一度、言います。帽子はかぶっているうちに似合ってくるものだと。

マフラーとスカーフでお洒落を

年を取ると首回りの皺(しわ)が加齢をさらし、いかにも爺むさく見えます。ネクタイをすれば隠れますが、ノーネクタイのカジュアルファッションですと目立ってしまう。首回りが寂しいという方に役に立つのがマフラーとスカーフです。マフラーは防寒具として巻いている方がほとんどでしょうが、上質なカシミアのマフラーを巻くと、とたんにお洒落な紳士に見えるものです。スカーフはさらにお洒落で、春秋にシャツと合ったシルクや麻の物を巻いただけでダンディな爺に変身します。

　私はマフラーとスカーフが大好きで何本も持っていますが、別に数を持つ必要はありません。どんな色にも合うグレー系やブルー系のマフラー1本でいい。スカーフはマフラーより明るいものを選んでください。コーディネイトが難しいと思ったら、これも店員に相談すること。若い女性店員に頼めば、女性が好む色合いのを選んでくれるはずです。

　アスコットタイとなると、さらにお洒落の上級者となります。高齢者にはスカーフよりもアスコットタイのほうが合うかもしれません。ただ、ネクタイより高いのが難ですけど、一度も身につけたことがないという方は試しに1本買ってみてください。ボタンダウンのシャツによく似合って、ツイードのジャケットを着たら英国紳士に見えるでしょう。

　靴も大事なアイテムです。長時間歩く時はウォーキングシューズを履くのは当然。まさか勤め人時代と同じ革靴を履いている人はいないでしょうね。スニーカーが嫌いなら、革製でもエアクッションが入っている歩きやすい靴がありますよ。冬は防寒のためにブーツを1足持っていると便利です。他人に足下を見られないためにも、時々手入れをしておきましょう。奥さんにやらせるのではなく、靴ぐらい自分で磨きなさいって。

ゲーム感覚を養う

現在、新橋あたりで靴を磨いてもらうと500円と相場が決まっていますね。お洒落や身だしなみに関してはいつでもダンディな吉川さんにお任せして、ここでは私のお気に入りの時間の過ごし方について紹介します。

現役時代に誰よりも精力的に動き廻っていた仕事人間がリタイア後、脱力感、倦怠感にさいなまれ、家に閉じこもってしまうケースがままあると聞きます。

仕事には燃えても、それ以外のことには情熱が注げないんですね。だって、遊んでたってお金にならないし、誰からも尊敬されないから、というのがその人たちの言い分。お金を儲けることがモチベーションにつながっていたのでしょう。

　暇つぶしではお金が出ていくばかり。

　そう思ったら、ゲーム感覚でそれをお金に換算すればいいのです。

　例えば、油で汚れた台所の排気口を一日がかりで掃除する。専門家にお願いすれば、8千円は下りません。作業を終えた時、ああ、今日は8千円儲けたと思えば、充実感があります。部屋の掃除や片付けだって、業者に頼めばそれなりの料金が発生します。

　どこかに行く時は、長距離以外はタクシーはもちろん、電車、バスを使わずに歩く。あるいは自転車を利用して、出費を抑えます。

　私は春と秋の晴れた日には、我が家のある文京区（後楽園の近く）から銀座まではマチャリで移動します。のんびり走って30～40分。途中、皇居のお堀の水鳥にパンの耳を与えたりしても、1時間あれば十分です。季節に合わせて、早咲きの河津桜、満開の八重桜、桜吹雪など、地下鉄からは到底見られない景色を楽しむことができます。

大木の陰に椿の花赤く

外堀の花掻き分けて亀泳ぐ
朝顔や色決めかねて三分咲

たいした俳句ではありませんが、すべて自転車での往復の際に出来上がりました。

徒歩や自転車を多用すると、日本の四季と仲良くすることができます。おまけに地下鉄の料金170円×2＝340円分、得をするのです。

たまに駐輪違反で撤去され、3千円の罰金を食らうこともありましたけど。それにしても日本政府はもう少し自転車に寛大になってもらえませんかねェ。一切の化石燃料を使わず、人力のみで動く、地球に優しい乗り物なんですから。ただし、私は急ぐ時は自転車を使いません。スピードを出しすぎた自転車は、自動車に負けないほど危険です。自転車は交通手段であると同時に、娯楽の一つとして捉えているからです。

秋になったら、町に出たついでに、イチョウ並木や神社でギンナンを拾いましょう。拾ったからには責任を持って、自分で処理しましょう。強烈に臭いですが、拾いたてのギンナンは、スーパーのものとはまるで異次元の食べ物です。殻の中の実は美しいエメラルドグリーン。苦味は全くなくねっとりと柔らかでみずみずしく、芳醇な味わい。一度食べたら病みつきです。

食べ物といえば、残り物を利用して、何かを作るという手があります。お弁当やサイドメニューについては吉川さんが「一人飯の極意」で紹介しているので、私は美味しい簡単料理のベスト3をご紹介しましょう。

・玉子トースト

ゆで玉子を適当に刻んで、軽く塩コショー。たっぷりのマヨネーズであえて、トーストの上に乗せる、だけ！

・納豆スパゲティー

納豆にショーユ、軽く塩コショー。生玉子、ネギのミジン切りを加え、よくかきまぜ、茹でたてのスパゲティーにかける、だけ！

・ソーミン・チャンプルー

ニンニクとネギを油で炒め、塩コショー。ツナのカン詰めと茹でたソーメンをぶち込んで、サッと炒める、だけ！

玉子トーストは、生のパンにはさんでサンドイッチにするのもOKで、コンビニの玉子サンド（198円）のように糊料、pH調整剤、乳化剤、カロチノイド色素、グリセリン脂肪酸エステル等の入っているものとは違い、シンプルで上品な味わい。ネギ系の野菜のミジン切り、さらにはピクルス、古漬け、パセリなどが残っていれば、細かく刻んで加えると、タルタルソースのような深みのある味に変化します。

納豆スパゲティーの場合、納豆を包丁でよく叩いておくとさらに美味しく、まさに納豆ソースになります。ひきわり納豆で代用するのもいいですね。スパゲティーは余った肉、野菜、キノコなどと炒め、ショーユを少々垂らすと栄養のバランスも完璧。スパゲティー専門店に負けない味が楽しめます。

ソーミン・チャンプルーは……キリがないので、このへんでやめておきます。

アドリブを大切に、家にある素材を駆使して、家庭の主婦には決して真似のできないような料理を完成させましょう。慣れていなくても、だいたいは何とかなります。10回に1回、こりゃダメだ、というものが出来上がっても、それもまた一興。試行錯誤を繰り返せば、レパートリーも増えていくのです。

はい、これで食事代が浮きましたね。

「つもり貯金」などもいかがでしょう。千円のランチを食べたつもりで千円を貯金箱へ。靴磨きにお願いしたつもりで500円。裏に何も書いていない紙をほどよい大きさに切って、メモ帳を作る。文房具屋で買ったつもりで100円。すぐにつもりつもって、小旅行の費用くらいはたまりますよ。

私しゃね、サラリーマン時代は1千万円プレーヤーだったんだよ、そんなしみったれた金額で一喜一憂できるわけがないだろうが！

そう言いたい気持ちはわかりますが、そういう人は、お金ではなく点数と考えてほしいですね。100円は小銭でも、100点なら満点でしょう。

一晩で何十万円も動くような麻雀を打ち、シビレるような緊張感を味わっていた人が、次第にそのレートに慣れてきて、当たり前のことのように感じるようになります。逆に収支が減り、レートが10分の1以下になってくると、最初はすっかりダレてしまって、力が入らなかったものが、千円勝った負けたで十分にアドレナリンが噴出するようになってくるのです。ダーウィンが言ったように、優れた生命体は環境に適応するのです。現状に早く馴染むことも、楽しく生きる一つの秘訣のようです。

我が家では毎年、渋柿を大量にもらい、皮をむいてベランダに干し、干し柿を作っています。合い言葉は「買ったら高いよね」です。

これをセコいと呼ばないでもらいたい。生活ではなくエコノミー・ゲームですから。むしろゲームを楽しむ心のゆとり、と受け取ってもらいたいですね。

ドライバーの心得

私は車を運転しないので、高齢者の交通事故が多発していることについて他人事でしたが、この際、自家用車を運転している方々に申し上げたい。ドライブは確かにけっこうな暇つぶしですが、ちょっとでも「下手になったな」と感じたり、危ない思いをしたことがあったら家族と相談してください。自覚がないこともあるので、家族に「おかしいと思ったら言ってくれ」と頼んでおくことです。そして、家族に忠告されたら、潔く免許を返上してください。それはあなたのためだけでなく、もし事故を起こした場合、巻き込まれる可能性がある家族や他人様を気遣ってのことです。

交通手段を車に頼らざるを得ない場所にお住まいの方は「車がなかったらどうするんだ」と言いたいでしょうが、人の命には代えられませんよ。不便は我慢して、コミュニティバスなどの交通機関を利用したり、近所の方々と乗り合いタクシーを使うなどすればよろしい。それに、車に乗らなくなると自然に歩くようになりますし、車を売り払えば維持費が節約できる。交通利便な都会に住む爺にとって自家用車は無用の長物です。

現在の実力、能力を過信することなかれ

芸人や俳優、我々文筆業などフリーの業種は定年がないので、元気なうちは仕事を続

けられます。だからといって、何でも仕事をすればいいというものではない。下手すると晩節を汚すことになりかねません。実は文壇にもそういう老大家がいるのです。自分から編集者に、「短編を書いてやろうか」と申し出る。編集者は大家から言われては断れないので、「ぜひお願いします」と答えたものの、上がった原稿の出来がひどい。しかし、掲載しないわけにはいかない。案の定、読者の評判が悪く、作家と編集者、どちらも傷ついてしまった。これが一度だけならまだしも、連載となると途中で打ち切りにすることができず、評判が良くないまま続けることになる。つまり、老大家は自分が書いた作品の「出来がいいか、悪いか」を判断する能力がなくなっていたのです。自動車の運転と同じで、自分は衰えたのだという自覚がない。これも老化現象の一つですが、クリエイターにとっては致命的です。

あなたがいまだに現役で物作りの仕事をしていたら、晩節を汚すようなことだけはなんとしても避けねばなりません。判断力を失っているなら信頼できる人に評価してもらえばいい。「今度の作品はどうだ」と。私には信頼できる友人と編集者がいるので、そう尋ねれば率直な感想を述べてくれます。あなたも他人の評価に従ってください。

新たな出会いと付き合い

面白いもので、交遊関係を整理していたら、補うように新しい人脈ができました。そのきっかけがまた傑作で、２０１５年、突然立教大学の同級生のＩ君から自宅の電話に連絡がありました。卒業以来ですからなんと44年ぶりです。しかし、現在の自宅は卒業生名簿に記載した連絡先ではありません。彼はどうして電話番号を知ったのでしょうか。

「実は米助さんに聞いたんだよ」

落語家の桂米助さんと私は一緒にアメリカ大リーグの観戦旅行に行くほど親しい仲です。その米助さんがＩ君の家にワイドショーの名物コーナー〈突撃！隣の晩ごはん〉の取材でやって来たというのです。Ｉ君は私が演芸関係の仕事をしているのを著書を読んで知っていたので、米助さんに「吉川のことをご存じですか？」と尋ねたら、米助さんが「もちろんだよ」と答えたので、「実は大学で同級生だったんです。久しぶりに会いたいので連絡先を教えてもらえますか」と私の電話番号を教えてもらったというわけです。何とも不思議な縁ではありませんか。

Ｉ君は、「同級生が5、6人、年に2、3回集まって飲み会をやってるんだ。次の会に来ないか」と誘ってくれました。私もクラスメイトと会いたかったので快諾し、2カ月後に開かれた飲み会に参加しました。44年ぶりに会う6人の級友は皆相応に老けてましたが、昔の面影は残っており、私の頭の中で全員の名前と顔が一致しました。三菱重工業を定年退職したＩ君を始め、三井物産、日産自動車、大和ハウスなど全員が一流企業を退職し、現在はＩ君のように悠々自適の毎日を送っている者と再就職していまだ現役の者と半々です。それぞれが良い人生を送っているようでした。

私は同窓会が嫌いでした。「今が一番いい」と思うようにしているので、昔話をするのが嫌なのです。だから中学、高校、大学とどの同窓会の通知が来ても出席したことがありません。住所変更の通知もしなかったので、そのうち案内が来なくなりました。

しかし、初めて出席した同級生との飲み会は実に楽しい時間でした。彼らは当然のごとく私を「吉川」と呼び、一番仲の良かった奴は「潮」と呼び付けにし、まるで学生時代に戻ったようでした。この数十年、私は名前を呼び捨てで呼ばれたことがなかったのです。陳平先生と談志師匠だけが「吉川君」と呼び、年長者は「吉川さん」か「潮さん」

で、年下の芸人、仕事関係者は「吉川先生」と呼びます。それが44年ぶりに会った同級生から呼び捨てにされ、とても良い気分でした。この会合は8月と12月にも開かれて出席しました。

Ｉ君は立教ＯＢの歌舞伎役者、中村芝雀（しばじゃく）さんの後援会に入っています。芝雀さんが今年（２０１６年）の春にご尊父の名跡、中村雀右衛門を襲名するとのことで私に助力を求めました。歌舞伎好きの私としては立教ＯＢとして協力したいと思い、芝雀さんと会える段取りを彼に頼みました。彼はすぐにマネージャーに話を通してくれ、歌舞伎座の楽屋で待ち合わせ、芝雀さんと食事を共にしました。そして、「日刊ゲンダイ」にインタビュー記事を書いたのです。Ｉ君のお陰で歌舞伎界に人脈が広がりました。もとはといえば米助さんが彼の家に来たことがきっかけなので、米助さんに感謝しなければなりません。

二度目の出会い

私はかなりの人見知りで、シャイとぶっきらぼうが入り交じり、初めて会った人に自分から愛想よく話しかけることなどとてもできません。

それでも友人の数が多いのはなぜかといえば、友人が減らないからです。なぜ減らないかといえばあまり人と争わないからだと思います。私は人と付き合う時に3つのことを心掛けています。

①気を遣わない
②見栄を張らない
③嫌がることをしない

以上の3点を私は、長く付き合うための「三無主義」と呼んでいます。

①に関しては多くの先輩諸氏から「お前、もう少し気を遣え！」と叱られますが、仕事ならともかく、お金をもらわない限り、そんなことはしません。自分が気を遣えば、結果的に息苦しくなってきます。これでは長続きしません。

いつでもマイペースなら、まわりはいつか「しょーがねえなあ」とあきらめてくれますが、逆に気を遣っていた人間が一瞬でも気を抜くと「あいつ、最近たるんでる」と非難されます。こちらが気を遣えば、相手も遣います。そういう関係より、ありのままのお互いを認め合うほうが気が楽でしょう。それで駄目ならフェイドアウトです。

②に移りましょう。

若者ならともかく、いい年をして見栄を張るのは痛々しいでしょう。過去の武勇伝はほどほどに。爺が言ってはいけない代表的な言葉は「私は昔……」。

心の奥底にプライドを隠し持っていれば、自慢話なんかしなくたって、まわりはきっと認めてくれますよ。

①も②も言い替えれば何事にも自然体で臨みましょうということなのですが、不思議

なもので、「自然体で行こう!」と思ったとたんに不自然になってしまうのです。これはもう自然体に執着するしかありません。時間と共にいつの間にか板に付いてきます。
③はなかなか厄介で、相手が何を歓迎して、何を敬遠しているかがそう簡単にはつかめません。
私の場合は、しつこくお酒を勧められたり、パソコンを使えと強要されたり、宗教に勧誘されたりするのが嫌ですが、それは人それぞれです。別れ際にしつこく引き留められるのも苦手です。お酒を勧めてもらいたくてたまらない人も、引き留めてもらいたい人もいるわけですからね。

相手が女性の場合、親愛の情を込めてハグをして、お互いの距離が近づくこともあれば、セクハラと受け取られることもあります。相手の顔色や態度をうかがいつつ、「寸止め」の技術を養う。その点では気を遣いましょう。最低でも相手が「嫌だ」と口に出したり、不愉快そうな顔をしたら、絶対にやめておいたほうが無難です。「嫌よ嫌よも好きのうち」。こんな言葉は現代では全く通用しません。

以上の「三無主義」を貫いていれば、友人は、男性でも女性でもめったなことでは離れていきません。

この年になると、新たな出会いは減ってはいきますが、外出を厭(いと)わなければ多少はどこかに転がっています。初めて会った人と意気投合。それならば申し分ありませんが、人見知りの私はなかなかそういうことはありませんので、

「1度会うのは偶然、2度会ったら必然」

と考えるようにしています。

実際には、私は病的な〝顔音痴〟なので、2度目に会った人に「初めまして」と言ってしまうことがよくあるのですが、それが2度目とわかっていれば、なるべく積極的に会話をしようと心掛けています。特に宗教は信じませんが「再会は神様のおぼしめし」と思っています。

こうして友人、知人は微妙に増加を続け、あまり減少はせず、私の「遠浅(とおあさ)ライフ」は続いていくのです。

友人の容量（広さ×深さ）はかなりの確率で暇つぶしのバリエーションに比例し、退

屈な時間と反比例します。

広く深く付き合っている人はいくら時間があっても足りないでしょうし、狭く浅く付き合っている人は暇つぶしの方法が片寄るでしょう。

私は広く浅く、吉川さんは狭く深く……。皆さんはどうぞ自分らしい方法を見つけて、快適な暇つぶしライフを満喫してください。

気の合った連中との句会は楽しい

私と島君はイラストレーターの山藤章二さんが宗匠の〈駄句駄句会〉の句友でもあります。この句会は27年続いています。落語好きが共通項で集まり、放送作家の高田文夫さん、立川左談次さん、寄席文字の橘右橘さん、演芸プロデューサーの木村万里さん、キッチュこと松尾貴史さん、フジテレビ勤務で歌人の藤原龍一郎さん、林家たい平さん、コラムニストの高野ひろしさん、そして長老の陳平先生が同人です。昨年、三木のり平さんのご子息のタレント、小林のり一さんが入会したので13人になりました。月に一度例会がありますが、近年は宗匠の健康上の問題があり、メンバーに病人が出たりして欠席者が多くなり、2カ月に一度のペースで開いています。

句会は絶好の暇つぶしです。気の合った仲間が10人前後集まり、下手な俳句をひねり、それぞれの句を合評するだけで楽しい。駄句駄句会はおしゃべりが楽しくて集まっているようなものです。

俳句の先生が宗匠の俳句教室で真面目に句作をするのもいいと思います。俳句をやって良かったのは、季語を知ることで季節の移り変わりに敏感になること。散歩していても、ただボンヤリ歩いているのではなく、季節感を感じ取るようになります。それは都会より山や海が見える土地にお住まいの方がより強く感じるでしょう。都内でも公園や庭園に行くたびに季節を感じます。俳句を始めてから一層敏感になりました。俳句をやって悪いことは何もありませんので、同好の士が集められればすぐにでも会を結成してみることです。

家族を暇つぶしの相手にするべからず

前述したように私の家内は働いており、しかも忙しい身なので、一緒に暇つぶしをすることはまずありません。多分これからもないでしょう。2人で旅行に出かけたことが一度もないし外食することもない。私は男同士の付き合いが好きで、家内は女友達と一緒のほうが気が楽だと言います。ただ、読者諸兄の奥さんが「たまには一緒に旅行や外食に出かけたい」と思っているのに、それを無視して、あなただけが男同士で旅行に行ったり飯を食べたりしていると、奥さんの心の中にわだかまりができて夫婦仲がまずくなります。たまには一緒に出かけるのもいいでしょう。奥さんが行きたいと言ったらの話ですが。

お子さんがいる方は身に沁みているでしょうが、成人すると仕事があるし、それぞれの交遊関係があるので、親の暇つぶしには付き合ってくれません。私のところも息子たちが独立して家を出ているので、年に何度か野球観戦に行くか食事を共にするくらいです。長男とアメリカ大リーグ観戦旅行にボストンとニューヨークへ、次男とアメリカのプロバスケットボールリーグNBAの試合を観にロサンジェルスへ出かけたのがいい思い出ですね。

孫に対する接し方は、孫がいない私よりお嬢さんに2人の子どもがいる島君のほうが詳しいので譲ります。一つだけ言っておきたいのは、孫ができて「じいじ」などと呼ばれヤニ下がっていると、気がつかないうちに老け込んで爺むさくなるから気をつけること。貧乏はいいけれど貧乏臭いのはダメなのと同じで、爺になるのは仕方ないけれど「爺むさい」のはダメです。私は極力爺むさい行為をしないよう心掛けています。

孫を甘やかす

孫に対する接し方ですかァ……。

吉川さんのおっしゃる通り、私には2人の孫（3歳の女の子と1歳の男の子）がいますが、その件になるとただの爺バカになってしまうので、冷静な判断などとてもできません。「じいじ」とは呼ばせていませんが、「トト」と呼ばせてヤニ下がっています。ごめんなさい……。

別れ際に、足にしがみつかれ、帰っちゃ嫌だと号泣されて以来、私の魂は孫娘のものです。それでも、孫は季節の限定品だと自分に言い聞かせています。

小学校に入れば友達も増えるでしょう。中学に入れば恋花も咲くでしょう。そうなればジジババは当然カヤの外。それまでが孫の賞味期限。せめて孫の来る日は「トト、バッチイ!」などと言われないように、小ぎれいな格好を心掛けています。お風呂に入り、無香料のシェーブローションとヘアトニックの他、娘(孫の親です)の選んでくれたコロンを少々振りかけます。娘が好きな香りならその子どももきっと好きだろうと考えるからです。

孫たちが襲来した時はすべて彼らの言いなり。

抱っこと言われれば抱き、隣に座れと言われれば座り、粘土でアンパンマンを作れと言われれば作り、絶対服従を貫くのです。欲しいものは何でも与えますが、金銭的に限界があるので、買い物は主に１００円ショップに行きます。お菓子、雑貨から「白雪姫」のＤＶＤまで、すべて１００円＋消費税で購入することができます。あらかじめ「３つまで」と言っておけば、爺の小遣いでも何とかなります。

教育上よろしくなかろうが、そんなことはおかまいなし。躾けは親がすればいい。爺はただ闇雲に甘やかすのです。

そのお陰で今でも孫たちとは良好な関係が続いていますが、最近、我が家に来るたびに孫娘のお姫様っぷりにターボがかかってきたようなので、さすがにジジババの対応に問題があったか、と反省をしています。

反省はしていますが、悔い改めはしないでしょう。

老朽化していくばかりの私にとって、無限の可能性を秘めた孫の存在は、とてつもなく大きな心の支えです。

どんなに自分の体力や知力が低下していっても、同じＤＮＡを持った孫がスクスクと成長する姿を見るにつけ「これでおあいこ！」という気持ちになります。

孫のいない人には申し訳ありませんが、暇つぶしという観点から見れば、可愛くて面白くてめんどくさい孫という生き物は、この世の最強のアイテムでしょう。

暇つぶし界のラスボスなのです。

孫が帰った後はまさに台風一過で、暇つぶしどころか、体力、精力、時には身上までつぶしてしまいそうですが、それで本望です。私の命がつながって、孫がそこで生きているのですから。

ただし、孫の話は他人にはしないこと。たとえ孫が驚くべき言動を示したとしても、たいていの場合はどの家の子どももやっていること。聞いている方は鼻白むばかり……とこんなことを書きながら、長々と孫の話を書き連ねているのはどういうことだと指摘されれば、実に面目ない。孫を語りたい欲求はそれほど激しいということなのです。

反面教師として、今後の参考にしていただければ幸いです。

第7章

先人たちから学んだこと

立川談志

私が最も影響を受けた人は、恩師の作家、色川武大先生と立川流家元、談志師匠です。色川先生は60歳で亡くなったので、老後を見ることができませんでした。家元の場合、晩年に立川流顧問として仕え、暮らしぶりを身近で見ていたので学ぶ点が多々ありました。

まず、無駄を嫌うこと。ケチという人もいましたが、私は合理的な経済観念の持ち主だと理解しています。タクシーはもったいないし、運転手が嫌な奴だと高い金を出して不愉快になるのは馬鹿らしいという考えで、移動には電車とバスを使っていました。それによく歩く。晩年は根津のマンション住まいでしたから、根津神社周辺と上野公園周辺が散歩コースでした。台風の翌朝には根津神社の境内でよく銀杏拾いをしていました。散歩の途中、ファンに話しかけられると気さくに応対していたものです。

食べ物を無駄にしないのは戦中戦後、食糧難を経験した世代の特徴ですが、家元は特にこだわっていました。あれだけの人気者ですから、演芸関係者や贔屓客からの贈答品が盆暮れに100以上も届き、3台の冷蔵庫は常にいっぱいでした。「古い順から食ってるんで、新鮮な物を食べたことがない」と冗談半分に言っていたほど。賞味期限が切れた物を、「捨てるくらいなら食って腹を下したほうがいい」と真顔で言っていました。平成に入って数年たった頃、家元宅の冷蔵庫には賞味期限が昭和の年号の物がたくさんあったという逸話は事実です。

「俺より頭が悪い奴が作った料理が美味いわけがない」と外食を嫌ってましたが、出版社の招待だと鰻（上野の伊豆栄）や中華料理（永田町の維新號）などを指定して機嫌良く食べていましたっけ。練馬区南大泉のお宅に住んでいた頃はよく自分で料理をして弟子たちと共に食事をしていました。残り物を使った料理を食べさせられるため、弟子たちは戦々恐々でした。

そういえば、料理を作るのもけっこう暇つぶしになります。手料理を誰かに食べさせるのも楽しいでしょう。私は料理が得意でないので、できれば楽しいだろうなと思います。

家元が食べ物の中で最もこだわっていたのは米でした。戦中戦後、白米を食べられなかったらしく、米に対する思い入れは強かった。新潟県内に自分の田んぼを持ち、地元の人に委託して米を作ってもらっていました。「有名人で田んぼを持っているのは俺と天皇陛下だけだ」と自慢し、毎年田植えと稲刈りには現地へ行き、村の人々と一緒に苗を植え、稲を刈ってました。それを「談志米」と名付け、友人に送るのです。私も毎年「談志米」が届くのを楽しみにしてました。もし、読者諸兄の中に農業に興味のある方がいたら、仲間と共同で田んぼを持つのもいいのでは。農作業は身体を使いますし、収穫の楽しみがあります。田んぼが無理なら自宅の庭で家庭菜園という手もある。手作りの野菜は格別の美味しさでしょう。

立川談志といえば「恐い人」というイメージが強いのですが、実際はジェントルマンで優しく他人を気遣う人でした。落語会の主催者やファン、特に若者に対して気さくに雑談をしたものです。これは爺(じじい)としては見習うべき点です。会社員時代、ある程度の地位にいた人が退職すると、「俺は偉かったんだ」と偉ぶることが多い。それで周囲に嫌われてしまう。それを当人が気づいていないとみじめです。特に若者相手に偉ぶったり、説教じみたことを述べるのはタブーです。家元は弟子がミスした時こそ小言を言いましたが、身内以外の人には絶対言いませんでした。私は身内扱いだったので2、3度叱られたことがあります。それは実になるアドバイスでした。私も年下の連中に対して怒ることはめったにありません。実になるアドバイスをするよう心掛けています。

家元は没後に名言集の本が出たくらい、数々の名言を残しました。私が好きなフレーズをいくつか紹介しましょう。

「状況判断ができない奴を馬鹿と言う」
「雨の日は寝てようよ」
「運動は身体に悪い」
「怒りとは共通価値観の崩壊」
「アメリカ人を信用するな」
「欲望に対してスローモーなのを上品と言う」

「学問は貧乏人の暇つぶし」

などなどですが、最後に「暇つぶし」という言葉が入った名言があります。貧乏人にとって学問は絶好の暇つぶしになるとも解釈できます。無駄遣いが嫌いな爺は学問をしましょう。図書館は本を借りるのも新聞、週刊誌を読むのも全部タダです。「四十の手習い」と言ったのは日本人の寿命が50代だった頃の話ですから、今なら「七十の手習い」なので、独学でもカルチャーセンターでもいいですから、新しい分野の学問を始めましょう。私の友人には『古事記』と『日本書紀』を読み直している者がいるし、『万葉集』と『源氏物語』を読み始めたという女性もいます。古典文学は時代を超えた面白さがあるので、知識欲が旺盛な方は、学問を暇つぶしの一つにしてください。

白山雅一

歌謡声帯模写の草分け、白山雅一さんは戦中にデビューした芸人で、芸界では長老的存在でした。私とは親子ほど年が違うのに気が合って親しくお付き合いさせていただきました。長らく病弱だったご母堂のお世話をしていたことで一度も結婚せず、87歳で亡くなるまで独身を通しました。そして、一人暮らしの老人の美学を持った人でした。

読者諸兄の中には、不幸にして奥様に先立たれたり、離婚をして一人暮らしを余儀なくされている方もいるでしょう。他人から「大変でしょうね」と同情されると、「大きなお世話だ」と言いたくなると思います。一人暮らしの爺には一人だからこそ許される自由と美学がある。白山さんがそうでした。

「男やもめにウジが湧く」と言いまして、男の一人暮らしはつい不潔になりがちです。その点、白山さんはいつも身ぎれいにしてました。スキンヘッドなのでハンチングをかぶり、顔がつやつやしていてとっても「きれいなお爺ちゃん」でした。若い頃は草野球の名選手で、芸能人野球大会の優勝投手だったとか。後楽園球場で投げている写真が載った新聞の切り抜きを見せてもらいました。軍隊にも行っているので身体の鍛え方が違う。80歳過ぎても足取りが軽く、大股で歩いてました。「雨の日も歩くんですか？」と尋ねたところ、こう答えたものです。

「うん、雨の日は地下鉄で新宿のデパートへ行くの。エスカレーターを使わないで階段を上り下りするといい運動になるからね。売り場を見るのは地下の食料品だけ。試食しながら歩いていると楽しいよ。それで晩のおかずを買って帰る」

一人暮らしの老人は暇つぶしの達人だったのです。さらに、若い芸人を可愛がり、彼らに食事やお茶をご馳走しておしゃべりするのが好きでした。

「ご馳走でもしなきゃ、誰がこんな爺に付き合ってくれるかって」

そう言ってましたが、近頃の若者はご馳走すると誘ったって嫌いな年長者とは付き合いません。白山さんは若い芸人たちから慕われていたのです。若者に慕われる。それがどんなに難しいことか。私などは煙たがられるタイプなので、よけいにそう思います。

白山さんとはよく神宮球場へヤクルト戦を観に行きました。声帯模写のプロですから、試合中に小西得郎の声色でプレーを解説してくれました。「なんと申しましょうか」という小西節を知っている世代は私たちがギリギリでしょうか。ヤクルトが得点する時に応援団が「東京音頭」を合唱すると、白山さんは三島一声の歌真似で一緒に歌いました。三島は昭和初期に「東京音頭」がレコーディングされた時に歌った歌手です。その真似ができるのが凄い。私は西條八十（やそ）の一代記を書いた時に、八十が作詞した「東京音頭」のレコードを聴いているので三島の歌声を知っています。他に三島を知っている人がいるわけないのに私を受けさせるだけのために歌ってくれる。いかにも芸人らしい人でした。

白山さんの老人美学は、「一人で静かに死んでいく」こと。「病気になったら誰にも迷惑をかけたくない。誰にも知らせないから」と言ったので、「僕だけは知らせてくださいね」と怒ったものです。しかし、2011年5月、大腸ガンになって手術を拒否。痛み止めを飲んで自宅で療養中でした。見舞いに行くと言うと、「いよいよ悪くなったら入院するから、そっちへ来てよ」と断られました。実は白山さん、誰も自室に招いたことがなかったのです。それも一人暮らしの美学だったのでしょうか。そして9月20日、宣言通りに一人で静かに亡くなりました。お宅を訪ねた訪問介護の方に発見され、区役所の係員が遠い親戚を捜し当てたそうです。私たち友人は翌日新聞報道で知りました。当初は、「水くさいにも程がある」と腹が立ちましたが、よくよく考えると、白山さんは見舞いに来られてガンで弱った姿を見られたくなかったのだと思います。結果的には正解でした。だからこそ、私たちの思い出の中の白山さんは元気で顔がつやつやしたきれいなお爺ちゃんなのです。白山さんは一人暮らしの老人美学を見事に貫いたのでした。

緒形拳

『芝居の神様・島田正吾新国劇一代』の執筆にあたり、島田の愛弟子であった緒形さんを取材したことがきっかけでお付き合いするようになりました。チャーミングな笑顔が印象的で、それは家元に共通します。落語好きの緒形さんを家元の独演会にご招待したことがあります。終演後、楽屋に案内すると、家元に「2席とも良かったよ」と言い、家元が照れながら「お世辞じゃねぇだろうな」と言うと、「僕はお世辞は言わない」と返しました。その時、2人が見せた笑顔は男惚(ぼ)れするほど魅力的なものでした。

その後、緒形さんは肝臓ガンにかかり闘病生活を余儀なくされました。ただ、頑なに手術を拒否し、仕事を続けることを望んだそうです。最期の仕事になったドラマ出演は、私が敬愛するシナリオライター、倉本聰(そう)さんの「風のガーデン」でした。緒形さんの役は、すい臓ガンの末期の息子（中井貴一）を故郷の北海道に迎える町医者の父親です。実際のガン患者がガンで余命いくばくもない息子を看取る役とは、なんという皮肉な巡り合わせでしょう。もちろん倉本さんは知らずに設定したのですが。

勘当した息子が末期ガンなのを知らない振りして迎える緒形さんと中井貴一が語り合うシーンは感動的でした。淡々と語る緒形さんは芝居をしているのではなく、本当の息子に語りかけているような感じです。このドラマの放送開始直前に緒形さんは亡くなりました。放送を見た時、「これが究極の芝居なのか」と鳥肌が立ったものです。

見事な晩年でした。手術を拒絶してまで仕事を続けたのは役者の美学を持っていたからです。私がもし末期ガンになったら、白山さんや緒形さんと同様に手術を拒否して、鎮痛剤で痛みを抑えながら執筆を続けたいと考えています。家族は反対するかもしれませんが、それだけは我がままを通そうと思います。皆さんはどうなさいますか？

小沢昭一

日本を代表する名優、小沢昭一さんとは、拙書『江戸前の男～春風亭柳朝一代記』の文庫判の解説を書いていただいたのがご縁でお付き合いが始まりました。小説雑誌の座談会や誌上句会で何度もご一緒して、映画と演芸に造詣の深い小沢さんに教えてもらうことが多々あったのです。

小沢さんは街を歩く時、デイパックを背負っていました。その理由を、「両手が使えるように」と言っています。つまり、年を取ると何かの拍子に転ぶ危険性が高まる。その場合、荷物を持っていると怪我をする。両手が空いていれば身体をかばうことができるという理屈です。これは爺にとって良いアドバイスです。私も散歩中は手ぶらかウエストポーチだけです。

「年を取ったらね、階段を上り下りする時は他のことをしちゃダメ。上ることだけ、下りることだけに集中して、考え事もしないように。そうでないと転ぶから」

これも小沢さんからのアドバイスです。

多趣味な方で、俳人としても一流でした。やなぎ句会（永六輔さん、柳家小三治師匠らが同人）に属し、変哲という俳号で句集も出しています。『俳句で綴る変哲半生記』（岩波書店）という句集が亡くなってすぐに出版され、まるで用意をしたような遺作となりました。興味ある方はご購読ください。

晩年は競馬を趣味にして、出走表を眺めながら予想をするのが楽しいとおっしゃってました。公営ギャンブルはお小遣いで間に合う程度の金額で馬券を買うならけっこうな暇つぶしだと思います。競馬場に行って雰囲気を味わうのもいいでしょう。ただ、ギャンブル依存症にならないように。現在、我が国には560万人もギャンブル依存症の患者がいるとか。驚くべき数字です。熟年世代でも年金を全部使い果たすだけでなく、借金してまでつぎ込む人がいるらしいです。競馬ファンはくれぐれも自制してください。

それからパチンコは島君同様、大嫌いです。映画の項で紹介した名画座、新文芸坐の親会社がパチンコ屋で、3階にある映画館の地下と1階と2階がパチンコとスロットの店になっています。それで映画を観に行くたびパチンコの客とすれ違うのですが、男女かかわらず怠惰と貧困とタバコの臭い、それが入り混じった〝貧乏臭さ〟が漂っている。あんな場所に通っていたら、人間として堕落してしまうような気がします。パチンコが一番の暇つぶしなんて哀しい人生です。

パチンコで生活が楽になったという話は聞いたことがない。第一、人間がコンピュータに勝てるわけがない。パチンコにどっぷりはまっている人とは付き合いたくありません。

麻雀は脳トレーニングに最適のゲームと言われています。頭と両手を使うのでボケ防止になるとか。実は私、大学を卒業して3年近く、新宿歌舞伎町の雀荘を根城に、麻雀で生活費を稼いでいた時代がありました。それほど好きでしかも強かったのです。小説家を目指して色川武大先生に師事したのも、先生が阿佐田哲也のペンネームで書いた『麻雀放浪記』を学生時代から愛読していたからで、先生にあこがれていました。ところが、先生のお宅で初めて先生と一緒に打った時、先生にこう言われました。「君が小説家としてやっていきたいなら博打はやめたほうがいい」と。

先生にそう言われたらやめるしかありません。以来すっぱり足を洗って、あれほど好きだった麻雀は40年近く打っていません。しかし、この齢になると、賭け事でなくゲームとして楽しみたいという気持ちが湧いてきました。それで今、雀友を募っているところです。

月亭可朝

現役の先輩で一番元気なのは月亭可朝師匠です、師匠は1938年生まれで今年78歳になりました。さすがに野球賭博はもうやってませんが、競馬、競艇などの公営ギャンブルは毎週やっています。それに今も女性にもてる。数年前に世間を騒がせたストーカー疑惑も、交際していた女性とのトラブルが発展したものでした。70過ぎて女性とトラブルを起こすエネルギーは恐れいります。

仕事ぶりはマイペースで、気に入らない仕事は断る。これは私と似ています。私も長年の経験からくる直感で、「これは俺がやる仕事じゃないな」と感じたら断るようにしてます。人間関係でも初対面の人から受ける第一印象はまず狂いません。いい印象だったら一緒に仕事をしてもうまくいきますし、嫌な感じを受けたらまずうまくいかない。可朝師匠も自分の直感を大切にしています。

先日、上京した際にお会いしたところ、松竹映画の新作「破門」に出演するとか。主演が佐々木蔵之介で、師匠は暴力団の組長役。トレードマークのカンカン帽をかぶらず、眼鏡もはずして出るというので、「可朝やとわからんやないか」と言ってました。それでも出演を引き受けたのは、「これはやるべき」と感じるものがあったのでしょう。

師匠には「修羅場をくぐった人でなくては持ち合わせない度胸と覚悟」があります。思えば、これまで数々の苦難と災難を乗り越えました。競馬で儲けた金で仏壇を買ったらロウソクの火から引火して家が全焼、関係した女性から暴行されたと訴えられ（後に女性の狂言と発覚）、野球賭博常習犯で逮捕され、参院選に立候補して落選し、ストーカー疑惑で騒がれ、そのたびにマスコミの仕事から干されました。それでもいまだ現役で活躍している。しかも不良爺。凄い人です。真面目に生きてきた読者諸兄には決して「見習ってください」とは言えませんが、このバイタリティはあやかりたいものです。

川柳川柳（かわやなぎせんりゅう）

知り合いの落語家で最年長は御年85歳になる川柳川柳師匠です。師匠とは1988年に私が初めて書いた芸人伝の取材を通じてお付き合いするようになりました。落語界では有名な酔っ払いで、酔うと口に手を当ててラッパの音を出しジャズを奏で、大声で歌う酒癖があります。それがあまりにうるさいので、居酒屋の店員に、「他のお客様の迷惑になるのでお静かに願います」と注意されることたびたびです。若い頃から飲んでいるのにいまだお元気で寄席に出演している。その理由を師匠はこう語りました。

「俺は毎晩飲んでいるわけじゃないから。中3日とか4日とか間を空けてる。それがいいんだよ。毎日飲んでた馬生（先代）や志ん馬、梅橋、小円遊なんかは皆早死にしちゃった」

飲まない日を〝休肝日〟と言うようですが、師匠はそんな言葉がない頃からきちんと自制していたのです。それは「できれば手銭で飲みたくない」というしみったれた了見を持っていることが幸いしました。自分の飲み代を払うのはもったいないから、タダで飲める日（落語会の打ち上げがある日や客にご馳走になる日）まで飲まずに我慢する。そして、タダ酒を浴びるほど飲んで酔っぱらう。結果的にはそれが長生きの秘訣になりました。酒が大好きな諸兄は日を空けて飲めば、川柳師匠のごとく「百薬の長」となるでしょう。

師匠は「俺はストレスをためない」とも言ってます。そりゃそうでしょう。所かまわず酔っ払い、ラッパを吹き高歌放吟すればストレス解消になります。その代わり周囲の人たちがストレスを感じますが、それにしても、80歳過ぎても変わらずだらしなく酔っ払う師匠はとっても素敵です。

野末陳平

本書にたびたび登場する陳平先生は、私と島君にとって「爺の良きお手本」になっています。一人暮らしの先生は暇つぶしのノウハウを私たち以上に心得た方です。平日のランチを友人と共にして食後のおしゃべりを楽しみ、夜は家で簡単な食事を摂るのが日常です。昼にご馳走をたっぷり食べて夜は粗食というのは健康上も良いので、理に適った食生活と言えましょう。私などは夜もつい脂っこい物を食べてしまうので、70歳を過ぎたら先生を見習うつもりでいます。

先生の飯友は私と島君以外にもいます。まずは若手落語家の立川志らら と立川らく次のご両人。志らくの弟子で、先生が彼らを「ハゲタカ」と呼ぶのは、食欲旺盛で週に一度は昼飯にありつこうと狙っているからです。先生は彼らにご馳走するのを楽しんでいる。これは「余裕ある爺」の寛容さの表れですね。他にも親しい編集者や気の置けない同世代の友人がいて、これで週に4、5日は飯友とランチを楽しめるわけです。

週末は一人で映画と散策を楽しむ。島君から面白いと薦められた映画、私が薦める新文芸坐での名作を観てるので、84歳にしてはよく映画館に行くほうだと感心します。お住まいが地下鉄半蔵門駅に近い平河町なので、赤坂の日枝神社や神田明神など近間の神社へよく行ってるようです。先日は品川の水族館へ行ってきたとか。今度は猫カフェに行きたいとも言ってました。80歳を過ぎてもなお、好奇心を失わないのは見習うべき点で、私もそういう爺になりたいと思います。

先生は申(さる)年生まれで今年が年男。若い頃から猿を2匹（ガチャ坊とキーコ）飼って可愛がってました。それが2匹とも亡くなってしまい、以来動物は飼わず、もっぱら猿グッズをコレクションしています。猿のヌイグルミ、置き物、人形などで、私と島君もいくつか贈りました。私のコレクションは談志グッズ（手拭いや色紙など）しかありませんが、島君は大変なコレクターなので、コレクションの楽しみについては彼に語ってもらいましょう。

さて、陳平先生を見習う点は他にもあって、まず経歴を自慢しないこと。若い頃は売れっ子タレントで、後に『姓名判断』シリーズの著書でベストセラー作家になり、参議院議員を4期24年も務め、最後は大学教授になった。華々しい経歴から自慢の種はいくらでもあるのに一切しません。自慢話より若い頃の恥ずかしい話を好み、若手落語家の会にゲスト出演した時などは、黒眼鏡で売ったタレント時代にオカマタレントのカルーセル麻紀の太腿に彫ったバラの刺青にキスしている写真を披露して客席を沸かせました。自慢話よりも失敗談をして笑わせるのはなかなかできないことです。

一人暮らしの高齢者は、「家事は女の仕事」という爺にありがちな固定観念は捨てなければなりません。掃除、洗濯、炊事、ゴミ出し、金銭の管理、すべて自分がしなくてはならないからです。「全部女房任せで、俺は何もできないんだよ」と言っているあなた。もし奥さんに先立たれたり離婚して一人になったら不自由しますよ。よしんば奥さんが元気であっても、暇なんだから家事の手伝いくらいはしなさい。句会の同人だった故・横澤彪(たけし)さんは、フジテレビから吉本興業に移籍し、退職後は鎌倉女子大で教鞭を取っていましたが、大学を辞めた後、名刺に「家事手伝い」という肩書きを入れてました。冗談半分ですが、実際に家事の手伝いをしていたようです。

私だって自室の掃除と洗濯物の取り込み、一人で食事する際の炊事と後片付けぐらいはします。家事どころか、「下着が箪笥（たんす）のどこに入っているか知らない」などと言っている爺は論外です。家事も暇つぶしのうちと考えることが爺の心得ではないでしょうか。

黒澤明

先人の教えと言われて、真っ先に思い浮かぶのはやはり黒澤明監督のことです。

真っ先というよりも唯一無二という感じですね。世界的な映画監督であると同時に、私の母の姉の連れ合い、つまり伯父である黒澤監督は、いつも母一人子一人の私の身近にいてくれました。私は生まれてすぐ、さらに高校から大学にかけて、黒澤監督の家で一緒に暮らしていたのです。

私は物心つく前からこの伯父さんによくなつき、その仕事部屋に行き、執筆のジャマをしていました。

子どもの頃は背の高い無口な伯父さんというだけの認識でしたが、私が映画ファンになってからはその世界のとてつもない巨人だということがわかってきました。

プライベートの黒澤明は物静かで穏やかで、世間で言われているような完璧主義者でもなければ、怒ったりどなったりするタイプでもありません。

それどころか、とてつもなく優しい人間で、私が胃が痛いと言って寝室で寝込んでいた時は、仕事の手を休め、いつまでも私の背中をさすってくれたほどです。

基本的には、いい映画を作りたいだけの人で、出来の悪い甥に対しても、説教をしたり、人の道を説いたりすることはまずありませんでした。

おびただしい数のインタビュー記事に目を通しても、人生訓のようなものはあまり見当たりません。晩年も自身の老境を語ることは少なかったようです。メッセージのようなものがあったとしても、それはほとんど若者に対するものばかり。それだけ若者に期待をしていたのでしょう。あるインタビューでこんなことを言っていました。

「私は、青二才が好きだ。これは、私自身が何時までたっても青二才だからかもしれないが、未完成なものが完成していく道程に、私は限りない興味を感じる」

ここでいう「青二才」が、年齢のことではなく、心のあり方であることは明白ですね。

1994年、黒澤明監督が84歳の時に、科学や芸術などの発展に貢献した人物に与えられる稲盛財団主催の京都賞を受賞。私はその時に行われた記念講演に運良く立ち会うことができました。

黒澤監督は、映画を世界の人々が集まる広場のようなものと捉え、数多くの映画人との交流を楽しげに語り、自分自身の映画の作り方というテクニカルな話からよもやま話、さらには日本とアメリカの映画の将来について、わかりやすく語ってくれました。

最も印象に残ったのは、しめくくりの言葉……。

「日本には『日暮れて道遠し』という言葉があります。僕は今84歳で、どこまで頑張れるかわかりませんが、もっと頑張るつもりです。ただ心境としては『日暮れて道遠し』といったところですね。皆さん、どうもありがとう」

晩年を迎えてなお、成功に安住せず、名声に溺れず、「道遠し」と言える人生の気高さを、しみじみと感じた瞬間でした。

黒澤明監督はこの4年後、88歳でその生涯を終えました。戒名は映明院殿紘國慈愛大居士。お別れの会は、横浜の黒澤フィルムスタジオで執り行われ、3万5千人というすさまじい人数の参列者が訪れました。

その中には、誰が言い出したわけではないのに、お香典に1800円という半端な金額を包んでくる人が少なくありませんでした。それは映画の料金と同じなんですね。日本の映画ファンの洒落っ気に心がなごんだものです。

黒澤明監督は、映画を愛する人々と生き、死後もまた映画を愛する人々と共にいます。それは「死ぬまで青二才」の姿勢を貫き通し、「人生暇なし」で走り続けた一人の男の収支決算でした。

黒澤明監督の「夢」のワンシーンで、老人（笠智衆）が葬儀のパレードの音楽に耳を傾けながら、こんなセリフをつぶやきます。

「よく生きて、よく働いて、ご苦労さんと言われて死ぬのは目出度（めでた）い」

双葉十三郎

私は一時期、映画評論家または映画リポーターを名乗っていました。ました、ということは現在は名乗っていない、ということです。吉川さんからの指摘の通り、私はパソコンを使っていません。これでは現代の映画業界のめまぐるしい変化と情報についていけるわけがありません。

その上、1年間で日本で公開される作品は、ここ数年千本を超えています。毎日欠かさず3本の映画を観続けて、ようやくチャラという感じです。

現状では、私は1年に300本が精一杯。

映画評論家を名乗るには無理があります。

それでも映画祭の審査員を頼まれた時などは、映画評論家と紹介されることもありますが、そういう時はあえて否定しません。相手方の都合もあるし、仕事を失ってしまったらイヤじゃないですか。本来は断るべきなのかもしれませんが……。

あまたいる先輩の映画評論家の中で私が最も敬愛していたのは双葉十三郎先生でした。双葉先生は東大の経済学部を卒業後、住友本社に入社するも、映画への想いを断ちがたく、終戦と同時に映画評論家に転向。戦前から数えると少なくとも2万本以上の映画を観て、1万本以上の映画評論を書いています。

どの映画の話を聞いても、その隅々までキッチリと覚えていて、全くこの人の頭はどうなっているのだろうとあきれたことがありました。

双葉先生は映画を語る時は、たとえ作品をけなす時でさえ、常に楽しげで柔和な表情をしています。

黒澤明監督の遺作「まあだだよ」では、主人公の先生（松村達夫）が、子どもたちに向かって、

「みんな、自分が本当に好きなものを見つけてください……自分にとって本当に大切なものを見つけるといい……見つかったら、その大切なもののために、努力しなさい」

と語るシーンがあります。

双葉先生を見ていると、本当に大切なものを見つけて、そのもののために努力をした

人だなあ、と思わずにはいられません。

　先生は90を過ぎる頃から、目が不自由になり、10円玉と100円玉の区別がつかず、四苦八苦している姿も見かけることがありましたが、それでも映画は観続けていました。邦画も洋画も耳で観る。まるでそんな感じでした。原稿は先生の言葉を奥様が代筆していたと聞いています。

　私の古くからの友人である映画パーソナリティーの襟川クロさんもまた双葉先生の信奉者です。

　2人は同じ学芸大学駅の近くに住んでいたため、同じ地区に居を構える何人かの映画関係者を集め、「学芸会」という名前の、コーヒーを飲みながら世間話をするという会を開いていました。

「あんなに偉い先生なのに、全然偉ぶらないんだよね。もうただの茶飲み友達。何でも知っているのにひけらかさないし、私たちみたいなぺーぺーの話だって、真剣に聴いてくれる……」

　クロさんはありし日の先生の姿を懐かしげに語ってくれました。

私と先生との関係は、どこまでもヒヨッコと大御所の大先生という遠い関係でしたが、それでも不思議な思い出があります。

ある日、銀座の試写室のすぐ近くにあるソバ屋に入って行くと、そこにはたまたまでに双葉先生がいらっしゃいました。

私が「どうも」と頭を下げると、先生は開口一番「今日は島君に会えると思っていたんだ」と言って、ずっしりと重い『ぼくの採点表』という発売になったばかりの本をプレゼントしてくれたのです。

東京には試写室がいくつもあり、誰がどこで出会うかなどということは全く見当がつかないはずです。

試写室通いが日課になっている評論家同士でも、数カ月間全く顔を合わせないということもザラなのです。

「なんで会えると思ったんですか？」

私が思わず尋ねると、先生はニコッと笑って、

「僕はわりと霊感が強いんだよ」

と答えました。

私はどう反応していいかわからずただ「ありがとうございます」とお礼を述べただけなのですが、ジワジワと喜びが湧き上がってきました。霊感のことはよくわかりませんが、僕のようなこれといった実績もない同業者のために重い本を持ち歩いてくれていたと思うと、心が熱くなってきました。

私は何の言葉も見つからず黙々とソバをたぐっていました。

私の場合、父に近い世代、あるいはそれより上の世代の方々から、年の離れた先輩方に紹介される時は、必ずといっていいほど「笈田(おいだ)敏夫さんのご子息の」という枕詞が付きます。しかし、次に会った時には、相手はたいてい覚えていません。たまに覚えてもらっていてもまず「笈田君」と呼ばれます。

会うたびにずっと笈田君と呼び続ける人もいます。

私を一人の社会人としてではなく、笈田の息子とだけ認識しているのでしょう。まあ、仕方がないですけどね。

双葉先生は、2度目に会った時に私の名前を覚えていてくれた数少ない先輩の一人です。他には野末陳平先生、アントニオ古賀先生等と数えるほどです。単純な私などはそれだけで嬉しくなってしまって、その人に心酔してしまいます。

私も誰かに会う時は、何とかその人の名前を思い出そうと努めているのですが、病的なほどの顔音痴なため、なかなか叶(かな)いません。

この項をあえてまとめれば、後輩から慕われたいと思ったら、知識をひけらかさず相手の名前を覚えましょう、ということですかね。

笈田敏夫

先人たちの教えと言われてもう一人、私にとってのキーパーソンが残っていますので、最後にご紹介しましょう。

それは父の笈田敏夫。

1953年から「紅白歌合戦」に8回出場し、『スイングジャーナル』(音楽専門誌)の人気投票では、男性ジャズヴォーカル部門で通算26回にわたり第1位を獲得。息子の私が言うのもナンですが、かなりの実力と人気を兼ねそなえていたようです。

ところが、歌手としては超一流でも、夫として、父親としては困った人でした。

私が幼稚園に通う頃には、浮気の虫が治まらず、あまり家に帰って来なくなり、月に1度か2度、ぷらっと顔を見せる程度になってきました。

まもなく浮気が本気になり、小学校の低学年で私の母と離婚が成立し、私との交流も数少なくなってしまいました。

十数年振りに父と連絡を取ったのは、私が大学に入り、暇をもてあますようになってからです。勉強をしない大学生は本当に暇。父のコネでテレビ局で何か気楽で効率のいいアルバイトはないかと考えたのです。

父は一人息子からの久々のコンタクトに戸惑っていたようですが、「テレビ局はプロの集団だから、シロウトが突然手伝えるような楽な仕事なんて簡単には見つからない」と、今思えばしごく真っ当な答えが返ってきました。それがきっかけとなり、父から「お前に紹介したい人がいる」という連絡が入り、渋谷のレストランでその人と落ち合うことになりました。てっきりテレビ局の人間を紹介してくれるのかと思っていたら、一緒にいた人は真っ赤な髪の細身のオバサンで、父は「この人が僕の今の女房」だって！

宝塚出身の宇治かほるという歌手でした。

母に、父と父の奥さんに会った、と報告すると「あの人は悪い人じゃないから、会いたい時に会えばいい」とアッケラカンと言うので、そこから父とのささやかな交流が再開しました。

ひょんなきっかけで、私がタレントのような仕事を始めると、父は陰で「息子をよろしく」と頭を下げていたようです。しかし、芸能界の大先輩であるにもかかわらず、父は私に面と向かって意見をすることも、説教をすることもありませんでした。やはり私に対して一抹の後ろめたさがあったのではないかと思われます。

私の結婚式の時などは、お開きの際に、新郎新婦と両親のいるべき場所から5〜6メートル離れた何とも中途半端な場所にポツンと立ち、お客様をお見送りしていました。実に父のポジションを象徴する光景でした。

このように私と父は遠くて近い関係を保っていましたが、我々夫婦に2人目の子ども

（娘）が生まれてから、グッとその距離は近づきました。

父の元来の女好きの血が騒いだのか、父の長女（私の姉に当たる）が幼くして、病死してしまったことが関係したのかわかりませんが、私の娘がＮＨＫ東京放送児童合唱団に入りたいと言えば関係者に直訴し、入団が認められれば合宿先に遊びに行き、娘が中学生になる頃にはよく２人だけで食事に出かけていました。娘の話を聞くと、

「ゲソジジ（父のこと）と一緒にいると楽しくて仕方がないし、会話が途切れたことはない。パパよりずっと若々しい」

とのことでした。ゲソジジ恐るべし、ですね。

そんな父でしたから、先人の教えも何もないのですが、父の誰に対しても平等に振る舞う姿は見習うべきだと思っています。道を歩けば高名な国会議員や芸能人、果ては焼き芋屋のおやじまでが「やあ、笈田先生」とか「ゲソちゃん」とか声を掛け、父は誰に対しても「おう、元気か！」などと気軽に返事をします。芸能界で仕事をするようになって、父を悪く言う人間が一人もいないので、本当に助かりました。

晩年の父の言葉で最も印象的だったのは、

「僕は謝ることに逡巡しない」

という言葉でした。

「僕みたいな年寄りが『ごめんなさい』って謝れば、それ以上言ってくる人はいない」

確かに私は父が人と言い争う姿を見たことがありません。最初の妻である私の母との会話の中でも「はい、すみません」という言葉を何回か聞いたことがありますが、反省の気持ちはほとんど感じません。その場を丸く収めるためにとりあえず謝っているという姿勢がミエミエなのですが、それもまた一つの生き方かもしれません。

父が私に教えてくれたことと言えば、

・外国の女性と何かいいことをして、その移り香が消えない時の対処法（石鹸ではなく歯磨きを使う）。
・上下巻に分かれた本を半額で入手する方法（上巻を買って、その日のうちに大急ぎで読み終え、本屋に行って「間違って上巻を買ってしまった」と告げると、下巻と替えてくれる）。

・2台の車の駐車代を半額にする裏技（駐車場の出口で、後ろの車が前の車にぴったりとくっついていくと、センサーが1台と認識する）。

以上の3点です。セコい、セコすぎる！

本当にふざけた父親ですが、それだけかというと、全く別の一面もあると後から知ることになりました。世の中はなかなか複雑なようです。


本田富士旺（ふじお）というジャズ・ピアニストがいます。

父が最も信頼し、そのジャズ人生の後半の大半を、一緒に過ごしていたミュージシャンで、年齢は私の一つ年下。現在は65歳。久々に会った本田さんは黒のスーツに、黒のYシャツ、ストライプのネクタイで、びしっとキメていました。

私が「相変わらずお洒落ですね」と言うと、本田さんはこともなげに「笈田さんの教えですから」と答える。

人前に出る時は身だしなみを整えろ。それがエチケットで、それを続けることによって、付き合う相手のレベルも上がっていく。それが父の持論とのことです。

思わず私は「ありゃりゃ」と思う。

私は平気でトレーナーを裏表に着て外出するような男なのですが、そんなことを言われた覚えは全くありません。

本田さんにそう伝えると、驚いたように「僕は初対面の時からガツンと言われましたよ」と答える。

「若い頃は僕もナマイキだから、楽屋でポケットに片手を突っ込んでタバコを吸っていたら、『こら、先輩の前でその態度は何だ!』ってどやされました」

あの陽気で八方美男子の父がそんなことを言うなんて!

本田さんの言葉にもう少し耳を傾けましょう。

「それからずっと叱られっぱなしでしたよ。人に頼らず道は自分で切り開けと言われましたし、歌の伴奏をするなら(英語の)歌詞の内容を把握しておけ、とか色々なことを教えてもらいました。一度、テレビ番組の収録の時、オープニング曲のイントロを弾いたらいきなり『ダメだ、もう一度』って言われて、最初からやり直しをさせられたことがありましたね。もうその場で首を吊ろうかと思いましたよ」

　私が「何が気に入らなかったんだろう?」と尋ねると、「わかりません……」と笑っている。

「スタープレーヤーだった本田さんが、そんな無茶を言われて、それでも逆らわずについていったのはなぜですか?」

「だって、笈田さんですよ」

　その「だって」の意味が息子の私にはわからない。

「尊敬する大先輩の言葉だし、その裏にはいつも優しさがありましたからね」

「プライドがズタズタにされたんじゃないですか?」

　私の質問に対して、本田さんは、

「でも、そのお陰で今の僕があるんです」

と明確に答えていいます。

　私が「何だか本田さんにとって、芸能界の親みたいな存在なんですね」と言うと、キッパリと「いえ、親みたいじゃなくて、親です!」と宣言しました。

そんな風に親父のことを思ってくれている人がいると思うと、私は嬉しくてたまりませんでした。

その一方で、ある種の嫉妬心が湧き上がりました。

血のつながっている息子と、血はつながらないが音楽でつながっている息子。

全く違う接し方をする2人の息子。

父にとって、どちらが本当の息子だったのだろう……？

若者との付き合い方

吉川さんは先輩方をとても大切にする人なので、年輩者とのエピソードは事欠きませんが、私はどちらかといえば同年代や年下とばかり遊んでいます。司会もエッセイもすべて我流。師匠もいないので、「先人たちから学んだこと」はそろそろネタ切れ。

そこで、このへんで一服。吉川さんからの提案があった「若者との付き合い方」について考えてみます。

私は敬語の使い方が下手です。

言い訳をするわけではありませんが、これは幼き日の環境が大きく影響していると思われます。

私の通った成城学園の初等科は独特の校風を持ち、先生と生徒の距離が異常に近く、同じ学校に通う従兄は校長の及川先生を「おいちゃん」と呼んでいました。陰で、ではなく、面と向かって！

私はそこまでではなかったのですが、先生たちとはタメグチで話していたような記憶があります。

伯父である黒澤明のことも「アトジン」と呼んでいました。

子ども時代の私は暇さえあれば執筆中の伯父の書斎に行き、「遊ぼう！」と声を掛けていたため、まわりの人間が気を遣い、私を書斎から連れ戻し「あとで」と言い聞かせていました。伯父の所に行くたびに「あとで」とたしなめられ、私はこの人はあとでと言う名前なのだ、と思い込んでしまったようで、あとでが訛り、アトジンとなったとのことです。私は中学生、高校生になっても世界のクロサワをアトジンと呼び続けていましたが、当人は嫌な顔一つしませんでした。それどころか、私が大学に入る頃に、さすがにこれはマズいだろうと考え、「黒澤さん！」と呼びかけると「気持ち悪いからよせ、アトジンのほうがいい」と言ったほどです。

このように家風、校風ともに敬語とは縁遠い世界で育ってしまったため、今でも先輩諸氏にタメグチを叩き、ヒンシュクを買っているのです。

その分、後輩がタメグチで接してきても、背景に悪意さえ感じなければ、まず気にしません。親戚の子どもたちは私のことをトシ、または敏光君と呼んでいます。馬鹿にされているとも、親しみを込められているとも思いません。単に普通のことなのです。

そういう部分が気楽なのか、たくさんの若い役者やミュージシャン、時にはバリバリのサラリーマンや職人が、私と遊んでくれます。それが私の財産なのか借金なのかはわかりませんが、大切にしようと思っています。

そのためには、私なりにいくつか気をつけていることもあります。第6章の「二度目の出会い」で「気を遣わない、見栄を張らない、嫌がることをしない」の三無主義を掲げましたが、若者たちとの付き合いではさらに……。

①威張らない
②説教をしない
③オヤジギャグを言わない

この3点を心掛けています。私はこれを「新三無主義」と呼んでいます。
①と②に関しては、吉川さんもすでに述べていますので、詳しくは解説しませんが、少しだけ付け加えておきます。後輩に威張りちらすのはもってのほかですが、逆にへりくだるのもどうかと思います。かえって気を遣わせてしまうことにもなりかねません。時には少しばかり威張ったほうが相手がホッとする場合もありますのでさじ加減が大切。説教はうっとうしいですが、適切なアドバイスは必要。豊かな人生経験は役に立てるべきですが、若者には教えることより教わることのほうが多いと考えましょう。生きているのが現在なのですから。
③はなかなか重要です。
目上の人のオヤジギャグは往々にしてその場を凍りつかせます。居酒屋で肉じゃがが

出てくるたびにミック・ジャガーを引き合いに出す人がいます。寿司屋でシャコを頼むときに「ガレージ一つ！」と叫ぶ人もいます。上司や先輩がギャグを言えば、部下や後輩は愛想笑いの一つもしなければなりません。これがどんなに辛いことか上の人間にはわからない。笑ってもらったのをいいことにさらに「このイクラ、いくら？」「ハマチはハウマッチ？」などと愚にもつかないダジャレを連発する。思わず殺意を覚えますね。

親父ギャグは封印するべきですが、たまにボケるのはありでしょう。若者たちに思う存分ツッコませてあげてください。

この新三無主義を頭の隅に入れておけば若者から総スカンを食うことはまずありません。あとは明るく陽気で金払いさえよければ、若者はついてきます。若者は爺の知らない情報を提供し、眠っていた爺の神経のツボを刺激してくれます。それは若さを保つ秘訣でもあります。

若者との暇つぶしは、お金のことさえ考えなければ良いことずくめなのです。ちょっと疲れるけど。

コレクターという病

引き続きまして吉川さんから提案のあったコレクションについての話……。

昨年（２０１５年）に初めて、「ごみ屋敷」対策条例が実施され、京都にある家のベランダとその周辺から大量のゴミが撤去されました。所有者は50代の男性で、私道にも幅約１メートル、高さ約２メートル、長さ４・５メートルの老朽化したゴミが堆積していました。

近隣の住人はどれほど不愉快な思いをしたことでしょう。

でも、私はこのゴミ屋敷の主人の気持ちがわかるような気がするのです。この人は本質的にコレクターなのではないでしょうか？

ゴミを捨てられない。いや、それどころかもっと集めたい！　それはコレクターの性(さが)なのです。

私が今、最も力を入れているコレクションは映画のプログラムとタバコのパッケージ、それに野生の動植物の写真です。プログラムは約8千冊、タバコが約3千箱、写真の枚数は不明……。

コレクションの恐ろしさは増えることはあっても減ることがないところ。今では増えすぎ防止のため、プログラムは1960年から2000年までのもの、タバコは動植物、人物、風景の描かれているもの、写真は自分で撮ったものに限る等々、様々なシバリをもうけていますが、それでもモノは増え続け、生活空間をおびやかし続けています。

その他、切手、コイン、電車の切符のような王道はもちろん、貝殻、石ころ、ホテルの石鹸、チョコレートの包み紙、オールディーズ・グッズなども集めています。

石ころやチョコレートの包み紙などは、私にとっては宝物でも、他人にとってはただのゴミ。部屋は足の踏み場もなくなり、スキマには埃（ほこり）も溜まります（キノコが生えたことはまだない）。家の女房も捨てるチャンスをうかがっているようです。

私はかつて、黒澤明監督に、

「物を集めるなんて最低だな」

と言われたことがあります。

世界中で最も尊敬する伯父からそう言われても止まらないのがコレクションという病

です。壮大なエネルギーと時間とお金を注ぎ込み、一度手にしてしまえば特にそれを愛でるわけでもなく、たまに想い出したようにタンスや引き出しから引っぱり出し、「ウシシ……」ほくそ笑むだけ。ネガティヴな要素にあふれています。私に言わせれば一種の病気ですから。

そんな中にコレクターならではのめくるめくような喜びも潜んでいるのです。

台湾で「ランボー」という名前の、迷彩色のタバコを見つけた時は、胸が震えました。カンボジアのアンコールワットで御来光を待つ間に、池からサソリが這い上がってきた時は、夢中になってカメラのシャッターを押し続けました。ふと我に返ると、太陽はもうすっかり頭上に昇り切っていました。

目的のある旅行はエキサイティングで心が浮き立つものです。人生も同じでしょう。

私は自分が若き日に観た映画のプログラムはすべて持っているのですが、いまだに揃わない3本の映画（「うしろへ突撃！」「007は殺しの番号」「濡れた砂丘」）のプログラムが入手できた夜は、泣き明かすでしょうね。

コレクションが格好の暇つぶしになり得ることは明白ですが、デメリットも大きいので積極的にお薦めすることはできません。それでも今から一丁何か集めてやろうかと思った方は、大きなもの、お金のかかるもの、生モノは極力避けてください。後で必ず困ったことになります。私の友人は臼のコレクションに精を出しています。趣味は餅つき！　彼の奥さんは、玄関や部屋を埋め尽くす臼を見つめて、涙を流し、離婚について真剣に考え始めたそうです。

タダで、小さくて、腐らないもの……例えばレストランのショップカードとか孫の写真とか、そういうものにしておくほうが無難です。映画のチラシだって本気になれば、1年に2千枚前後は集めることが可能。重ねると30センチ、目方で言えば十数キロになります。いつか床が抜けます。

恐いですよ、コレクションは！

でも、その魔力に取りつかれた人間は、めったなことでは、そこから抜け出せません。

第8章

私の暇つぶしの相手

落語家との交遊録

私にも陳平先生と島君以外の飯友が何人かいます。その一人が、落語家の春風亭勢朝さん。彼は私が一代記を書いた柳朝の直弟子で、私と親しい小朝の弟弟子に当たります（現在は小朝門下）。30年近い付き合いで気心が知れており、数多い落語家の中でも私の一番のお気に入りです。

彼は「楽屋話の帝王」といわれ、仲間の秘密を平気でしゃべることから、「落語協会の秘密へいき」とも言われています。とにかく彼の楽屋話は面白い。事実をねじ曲げるのではなく、脚色をしてオチをつけるのが巧い。

食べる物にもうるさく、好奇心が強いので色々な店に入ります。あるラーメン店に入ったら、「うちは化学調味料を使用してません」「うちの水は美味しいです」という貼り紙があったので、これは美味しいラーメンが食べられそうと期待したところひどくまずかった。「頼むから化学調味料を使ってくれと言いたかったです」と。さらに「水よりラーメンを美味くしてくれ」というオチでした。

芸人は一般人より気が利くものですが、勢朝さんは秀でています。温泉旅行に行った時、刺し身の舟盛りの中にウニがありました。私が「海苔で手巻きにして食べたいね」と言うと、すかさず勢朝さんが「そんなこともあろうかと思って」と、バッグの中から焼き海苔を出しました。旅館の朝食についてくる海苔がまずいので、寿司屋にもらった上等の海苔を持参したとか。その海苔で手巻きにしたウニの美味しかったこと。万事この調子で私を喜ばせてくれるのです。

私と勢朝さんの共通の趣味は歌謡曲です。前川清や都はるみのコンサートへよくご一緒します。先日はムード歌謡コーラスの大会を見に行きました。鶴岡雅義と東京ロマンチカ、ロス・インディオス、マヒナスターズ、元ハッピー&ブルーの森本英世などが一堂に会してヒット曲を歌いまくるのです。ほとんどのボーカリストが私より年上で、マヒナスターズの松平直樹さんは81歳、ロマンチカの鶴岡さんは82歳だそうで、お元気な姿を見て刺激を受けました。勢朝さんがヒット曲を一緒に歌っていたのが面白かったです。

勢朝さんの相棒ともいうべき落語家が桂竹丸さん。彼は米丸門下で落語芸術協会理事です。勢朝同様、座談が巧みで人を退屈させません。鹿児島出身で侠気（おとこぎ）があり面倒見が良く、下の者に慕われています。勢朝、竹丸と三遊亭歌之介、春風亭昇太の4人で新作落語の勉強会を始めた際、私が世話役を買って出て、長い間プロデューサーを務めたことで4人は今も私に親切にしてくれます。私が還暦を迎えた8年前には、お祝いに鹿児島旅行に招待してくれました。竹丸さんが案内人で、行きたかった知覧の特攻記念館へ赴き、展示されている特攻隊員が残した遺書を読んで泣いたり、黒豚料理を食べすぎて笑ったり、楽しい旅行でした。若い時分から知っている落語家が売れっ子になって収入が増えご馳走してくれる。演芸評論家の役得というより、冥利に尽きるというものです。

私の場合はどうしても落語家との付き合いが多くなるわけですが、誰もが落語家と付き合えるわけではありません。ただ、読者諸兄のまわりにも年下の楽しい知人がいませんか、と問いたいのです。ご馳走してもおしゃべりしたい後輩がいたらぜひ誘いましょう。先方もいい齢になっていて、暇つぶしに付き合ってくれるかもしれませんよ。

暇つぶし友の会

『星の王子さま』に登場するキツネは同じ時刻に決まった場所で同じ人と会うことを繰り返していると、そこに絆が生まれ、その瞬間を心待ちにするようになると言っています。そして「ならわしって、大事なんだ」と言葉をつなぎます。最近の流行語でいえばルーティーンですね。

私にもありがたいことに、定期的に集まる仲間たちがいます。

ではここで、その一端をご紹介します。

・駄句駄句会（だくだくかい）（俳句の会）

この会の名前は「血がだくだく流れたつもり」というフレーズの登場する「だくだく」という落語にちなんだものです。それ以上は吉川さんが「気の合った連中との句会は楽しい」の項で詳しく述べているので割愛します。

・陳平先生と遊ぶ会

これもすでに登場していますが駄句駄句会から派生した集まりで、最近では毎週のように野末陳平先生と吉川潮さんと私の3人で、お気に入りの店で昼食を取ってから馬鹿っ話に興じています。時にはゲストとして春風亭勢朝さん、桂竹丸さん、放送作家のベン村さ来さん等が華を添えてくれます。この会の名前は私が便宜上、勝手にそう呼んでいるだけで、吉川さんからは、いいかげんな名前を付けるんじゃないと叱られています。3人揃ってお酒を飲まない、タバコを吸わない、車の運転をしないという共通点があり、居心地の良い空間です。

同じ駄句駄句会のメンバーでも、お酒が大好きな高田文夫さんは、同人の高野ひろしさん、タレントの松村邦洋さんたちと「いちにの散歩の会」を作り、月に一度、東京の穴場を散策した後、呑んだくれているそうです。

・パープル・スドウズ

私が45年前に所属していたホリプロの元マネージャーである須藤征吾さんという人が、ホリプロのタレント大石吾朗さんやパープル・シャドウズのリード・ボーカルだった綿引則史さんを誘い、毎月、渋谷の六兵衛鮨という店で集っていたのですが、それを聞きつけた私やホリプロの関係者が集合し、定期的に寿司をつまむようになりました。

時にはホリプロの所属タレント、片平なぎささんや鈴木亮平さんが顔を出してくれることもあります。同じ青春時代を過ごしたメンバーが集まるので、話は常に盛り上がります。

・WW.P（ワンダフルワールド・パーティー）

「外食のすすめ」で紹介したMさんと彼女の旧友のKさん率いるグループ。

メンバーは全員、Mさんが仕事先、旅行先、ヨガスタジオなどで親しくなった女性で、入会の条件は容姿端麗、お洒落で律儀、自分でお金と時間を管理できる人。職業はデザイナー、クリエイター、個人事業主、兼業主婦と多岐にわたり、最近では私の作詞曲をレコーディングした西麻由美という歌手もメンバーの一員に迎えられました。Mさんと共に、メンバーが持ち回りで企画を立て、東京近郊や地方の名所を巡り、「食は文化」をモットーに、楽しい時を共有しています。

会の名付け親である私は、時にはB級グルメのナビゲーターとして、時にはゲストとして同席させていただき、美味しい物に舌鼓を打っているのです。

・IBS（インターナショナル・バーター・ソサエティ＝国際物々交換友の会）

カンバッジを集める映画パーソナリティーの襟川クロ、ゴルフのマーカーを集める成城学園の同窓生のH、タバコのパッケージを集める私が集まって作ったコレクションの交換会だったのですが、いつの間にか何も集めていない俳優の寺泉憲、作家の山口正介、オールディーズ・シンガーのキョーコ等が加わり、ただのコンパになってしまいました。今では年にわずか1～2回ですが、めったに顔を合わせることのない個性派が一堂に会するので、何物にも代えられない貴重な時間となっています。

この他にも東銀座のインド料理店・ナイルレストランのオーナー、G・M・ナイルさんが主宰する、ド派手な衣装でカレーを食べながら千葉のナイル邸で打ち上げ花火を見る「ナイル会」、さらには「成城学園欅（けやき）組お誕生会」「島組根性の会」「ハゲをハゲます会」などが定期的に開催されています。

こういう会の長所は一時にたくさんの人と交流ができること。気になっていた情報も入手できるし、未知の分野を垣間見ることもできます。そこからまた新しい会が派生することもあります。

気になるグループがあったら、とりあえずこちらからアプローチしてみましょう。新会員を心待ちにしているかもしれません。安住の地が見つからなければ、自分で「暇つぶし友の会」でも設立してはいかがですか？

開催の日を心待ちにする日がやってくるかもしれませんよ。

女性に好かれる爺(じじい)であれ

齢を重ねると女性の友人が貴重になってきます。ガールフレンドをお持ちの幸せな諸兄は、デートの前にもう一度、「爺の身だしなみ」の項を読み直して、念入りにチェックしてください。シャツは清潔ですか。明るい色の服を着てますか。帽子やスカーフ、マフラーなどでちょっとしたお洒落をしてますか。それから一番気をつけなければならないのは臭いです。加齢臭などはもってのほか。オヤジっぽい匂いの整髪料やオーデコロンもダメ。女性の目と鼻は厳しいですから。清潔でお洒落な爺はポイントが高いのです。

次におしゃべりの話題ですが、自分をことさら偉い人間と思わせたくて自慢話ばかりするのが最悪のパターンです。前述したように爺の自慢話は嫌われる。ただし、宇宙旅行をしたとか、太平洋をヨットで横断したとか、国際的なスパイだったとか、ヤクザの組長だった頃の話とか、特異な経験談なら別ですよ。でも、そんな人はめったにいません。苦労話も結局は「その苦労があったから成功した」という自慢になってしまうからダメ。陳平先生流に若い頃の失敗談とたわいのない馬鹿っ話がいいのです。

私にも女性の飯友がいます。心掛けているのは「セクハラをしないこと」、「美味しいものをご馳走すること」、「お洒落して会うこと」の3つです。彼女たちは演芸好きだったり、映画好きだったり、同じ歌手のファンだったり、ジェネレーションギャップのない共通の趣味を持っているから話が弾みます。共通の趣味というのは大事で、「美味しかった」「面白かった」「泣いた」「笑った」など、感動を共有することで親しさが増すのですから。「若い女性と何を話していいかわからない」という方が多いのですが、共通の話題があればその心配はありません。女性にも通じる趣味を持つことが肝要です。

肝に銘じなければならないのは、相手の厚意を好意だと勘違いして一方的に恋愛感情を抱かないことです。近年、高齢者のストーカーが増えたり、交際相手を殺傷する事件が起こるのはほとんどがこの勘違いが原因です。親切心から付き合ってくれたのを好意を持っていると思い込む。落語の「野ざらし」にこんなフレーズが出てきます。「齢は取っても浮気は止まぬ。止まぬはずだよ先がない」。これが最後の恋愛かもしれないと思うと若い頃より激しい感情が湧いてくるのでしょう。しかし、その気がない相手はいい迷惑です。厚意と好意は全く違う感情ですから、くれぐれも幻想を抱かないよう自制してください。「食事を付き合ってくれるだけでもありがたい」と感謝していればいいのです。特にあなたを尊敬している女性との関係が問題で、例えば教師と教え子、上司と部下、お得意様と従業員、といった関係にある場合、地位を利用して女性に迫るのはパワーハラスメントとセクハラの合わせ技で卑劣としか言いようがない。尊敬していた男性が豹変して迫ってきた時の女性のショックを考えると、男として恥ずかしい行為だと思います。

ただし、あなたが独身で真剣に老後を共にする伴侶を捜しているなら話は別。結婚相談所や交際相手を紹介するサイトなどで知り合った女性でしたら、結婚を前提の付き合いなのですから恋愛感情を持つのが自然です。堂々と好きになればいい。第2の青春と思って大いに若返ることです。気をつけるのは、財産目当ての悪女に引っかかって詐欺に遭わないことぐらいですか。下手すると殺人事件の被害者にもなりかねない時代ですから注意してくださいね。
島君は私より女性の友達が多いので、彼の付き合い方も参考になるでしょう。

ガールフレンドを作ろう

男同士の友情も大切ですが、ガールフレンドとの交流もまたスリリングで楽しいものです。
とは言うものの、女性にモテる方法など、私にわかるはずもありません。
モテる人は生まれつきモテるし、モテない人は何をしても、いや何かすればするほどモテないことは確かです。が、最初から試合放棄ではもったいない。好感度を高める方法はありますのでそこに夢を託しましょう。それは……、
１に清潔、２に清潔、３、４がなくて５に笑顔。

とにもかくにも身ぎれいにして、ニコニコしている限り、嫌われることはまずありません。逆に言えば暗くて不潔な人間は絶対に嫌われます。

誰かが言ってました。

女性に好かれたいと思ったら、

①プレゼントをしなさい。
②着ているものを誉(ほ)めなさい。
③相手の話をよく聞きなさい。

それでダメならあきらめなさいと。

まさにその通りだと思いますね。

女性と会う機会が増えれば、爺だって脳内ホルモン（時には本来のホルモン）が分泌されて、イキイキしてきます。知らず知らずのうちに口角が上がり、お腹が引っ込みます。そうなればしめたものなのですが、なかなかそうは問屋が卸しません。

私がまだ爺になる前のこと。とある飲み屋の片隅から、かしましきガールズトークが聞こえてきました。テーマは「オヤジとゴキブリ」。脂ぎったオヤジとゴキブリとはどっちがより不快かと真剣に議論していたのです。当時、オヤジだった私はじっと息をひそめ、耳をダンボにしていました。議論は白熱していましたが、最終的には「飛ばないだけオヤジのほうがマシ」という結論に達したようです。

私は「ゴキブリよりは上か」と少しほっとしたものの、若い女性にとって、オヤジという生き物はゴキブリと同列の認識なのかと、すっかり落胆してしまいました。

オヤジですらそんな状態なのだから、もっと年取った爺はどれだけ不快か……というと、意外にそれほどでもなく「オヤジより爺のほうが可愛げがある」という意見も根強いようです。

役職を離れ、出世や名誉という呪縛から解放され、自分を客観視できるお爺ちゃんは、ベッドは無理だがランチぐらいは付き合ってもいいわ、という対象になり得るのです。

友人の紹介、思いがけない出逢いなどで、女性と言葉を交わし、好感を抱いたら、話が途切れる前に好きな食べ物は何かと尋ねましょう。「私はイタ飯ね」とか「タコ焼きに目がなくて」とか言ったらすかさず、「お薦めのイタ飯屋があるんだけど」とか「私もタコ焼きにはうるさくてね」などと言って、食事に誘ってみましょう。あの一人飯で培った経験を生かす時がついにやってきたのです。なかなかの確率で「はーい、連れてってくださーい！」と答えてくれるハズです。あいにくイタ飯屋のレパートリーが思い浮かばなければ「詳しくはＣＭの後で」などと適当にはぐらかし、大急ぎで飯友のアドバイスを仰ぎます。

ミエミエ上等。そういうたわいない嘘を女性はきっと許してくれます。こうして街には爺と妙齢の女性との不似合いなツーショットが現れては消えていくのです。あとはおぼろ……。

味も芸術もわかる男に昇格して、豊かな老後を楽しみましょう！

第9章

暇な時こそ人生の整理を

未練たらしく長生きを

談志師匠が60代の後半になった頃、食道ガンの手術をしたこともあり、よくこんなことを言ってました。「俺は今、人生の整理にかかっている」と。私が聞き役で「人生、成り行き」という一代記のインタビューを小説新潮に連載したのも人生の整理の一つだったと思います。

私もそろそろ人生の整理をする齢になりました。幸か不幸か、不動産などの財産が皆無なので残すほどの遺産がありません。50冊余りの自著の著作権と蔵書だけです。しかし、蔵書やコレクションは遺族にとってゴミ同然といえなくもありません。それで私は暇な時にそれらの贈呈先を記しておきました。演芸関係の本とCD、DVDは誰と誰に譲るとか、それ以外の本の処分は旧知の古書店主に任せるとか、歌のレコード・CDは誰に進呈しろとか、事細かにです。これでいつ死んでも遺族は処分に困らないと思います。

「いつ死んでもいい」と言いながら、まだ死にたくないと思うのが人間の業です。談志師匠は70過ぎると、「人は未練で生きている」と言いました。私も70近くなって、この言葉が身に沁みます。

確かに未練が多々ある。まだ面白い作品が書けるのではないか。美味しい物を食べたい。息子たちがどんな女性と結婚するのか見届けたい。友達と楽しい時間を過ごしたい。もう一度アメリカへ野球とバスケットを観に行きたい。全く未練には切りがありません。しかし、未練がある限り「生きたい」という思いが強くなるので、「未練で生きてるのも悪くない」と師匠は言いたかったのでしょう。

私は亡父から「男は潔さが大事」と教えられ、「未練たらしい」のは男らしくないと思っていました。60歳で亡くなった父にも未練はあったでしょうに、あっさりと死んでしまいました。潔いのも考えもので、未練たらしく生きるほうがいいと思うのです。皆さんも未練をなくさず、未練たらしく長生きしましょう。

ただ、長生きするにも恐いのは病気です。父が脳溢血で死んだので、脳の病気は恐い。

私は60歳になる前頃から、コレステロール値と中性脂肪が高くなり、それらを抑える薬を2種類飲んでいます。脳溢血や脳梗塞でうまく死ねれば幸いだけれど、中途半端な症状で寝たきりになったらどうしようかと案じています。原稿が書けず、歩けず、友達とおしゃべりができず、暇つぶしができない毎日だったら、それこそ生きている意味がありません。マスコミは平均寿命が長くなったことを喜ばしいと決めつけますが、本当にそうでしょうか。75歳まで元気に生きてぽっくり亡くなったら、平均寿命に至らなくても満足な人生でしょう。90歳まで生きても、最期の10年が寝たきりだったら、「80歳で死んだほうが良かった」と思いませんか。特養ホームで生きる屍のように過ごす老人をニュース映像で見るにつけ、そう思うのであります。元気なうちが花、歩けるうちにやりたいことをやっておこう。それが今の私の心境です。

ちょっと話が切実になりました。まるで病気と縁がなく、「１００歳まで生きる」と豪語している島君なら楽しい老後の展望を記してくれるでしょう。

100歳の夢

私はお酒もタバコもスポーツもやりません。

身体に良いことも悪いこともしていないということです。

私は運動音痴で、心臓や肺の機能の数値も、平均を大幅に下回っているのですが、無理をしないせいか、特にこれといった持病はありません。とはいっても、病院が苦手で、定期検診などにはめったに行きませんので、自覚症状がないとはいえ、どこにどんな病気が隠れているかわかりません。そうだとしても、もうしばらくは隠れたままでいてもらいたいものです。

吉川さんは引き際が大切とおっしゃっていますが、私としては求められる限りは現役を続けたいですね。将来は寝たきり爺さんではなく、しゃべったきり爺さんとなって、100歳でラジオのレギュラー番組を持ち、記者会見ではリポーターから「ギャラは一体、何に使うんですか?」と質問され、「はい、老後の蓄えに」と答えて、「今が老後でしょ!」とツッコまれるのが、私の夢ですね。

若い頃は、自分は何のために生まれ、何のために生きているのだろうと、真剣に思い悩みました。そこに答えが見つかる道理もなく、割り切れない日々を過ごしました。正確には、何のためでもなく、気の遠くなるような永い時の流れの中で、ほんのたまたま生まれて、たまたま生きているということなのでしょうが、それではあまりにも味気ないですね。そこで、私は自分なりの生きる理由に辿り着きました。それは3つに分けることができます。

①人類としては
次の世代に遺伝子を残すため。
②人間としては
社会に貢献するため(他の人間の役に立つため)。
③個人としては

楽しむため。

そう考えるとスッキリします。
私としては①はさすがにゲーム・オーバー。爺と呼ばれる人たちの大半はおそらく今さら子孫を残す気力も精力も精子も不足気味でしょう。
②に関しては申し訳ないことに、私にはあまり縁がなかったのですが、皆様方はおそらく社会の一員として、十分に働いてきたのではないかと推測します。いまだにボランティア活動等に精を出していらっしゃる方もいるでしょうが、今となっては多くの方は人を助けるより、助けてもらいたいのではないでしょうか……となると、残るは③です。つまり、爺は楽しむために生きているのです。
果報は寝て待てと言いますが、待っている場合じゃありません。ウサギは決して木の根っこでは転びません。自宅でテレビやパソコンの画面を眺めていても、楽しみは見つかりません。「いや、実際にそれが一番楽しいんだから、いいじゃないか」と言う人もいますが、それはまやかしです。

大相撲は国技館で見るよりテレビで見るほうが迫力があるとか、ゆでたての毛ガニよりカニカマのほうが旨いとか、ラベンダー畑に漂う香りよりトイレの芳香剤のほうがいい匂いだなどと言われれば、それは個人の感じ方なので、返す言葉がありません。酸いも甘いも噛み分けた人生のヴェテランの皆さんは、まさかそんなことを言うとは思いませんが、だんだんそういう人が増えてきたのも事実です。我々爺が身を挺して、ニセ物が本物を駆逐する現代社会と戦いましょう！

どうすれば戦えるのか……。

暇を武器に楽しく遊べば勝ちなのです。

生物として、社会人としての役割をほぼ終了した人間が、部屋の中に閉じこもり、ヴァーチャルの世界に齧（かじ）りつくだけの日々を送るようになったら、生きる理由がないのと同じです。

暇であろうとなかろうと、自分の脚で歩くことができて、自分の口から物が食べられるうちは、私は人生の楽しみを探し続けます。

あとがきに代えて

吉川　潮　暇つぶしの極意

究極の暇つぶしとはなんでしょう。

私は、「暇つぶしと意識しないで一日が終わること」だと思います。70近くになるのに毎日用事があって忙しくて仕方ない、そういう人はこの本を読まないでしょう。2日に1度、3日に1度でも誰かと会って食事をしたりお茶を飲みながらおしゃべりをする。その予定が手帳に記されているのを幸せだと思う。予定が入っていない日、「さて、今日は何をしようか」と一人で過ごす時間をシミュレーションしてみるのが楽しい。計画通りに外出して帰宅後、「ああ、今日はいい一日だった」という充実感がある。そういう心境を暇つぶしの極意と言うのではないでしょうか。

私の場合、家族が皆健康で心配ごとがなく、家内が自分の好きな仕事に就いている。わずらわしい人間関係に縛られることもなく、何でも話せる良き友がいる。仕事と収入は減ったけれど、その分心に余裕ができて楽しめるようになった。恵まれた境遇だと思っています。これぞ「知足」、即ち「足るを知る」ことで幸せだと思えるのです。

高齢者は若者よりも長く生きている分、「恥を知る」ことでも長じているはずです。ところが、近頃は恥知らずの爺が増えてきたといいます。年寄りであることに甘えて、他人様に迷惑をかける。「暴走老人」と言われる人たちがそうです。やたらと怒りっぽくなって鉄道、役所、図書館などの係員や飲食店の店員に暴言を吐いたり、老人ホームや病院で介護士や看護師を困らせる老人がいるとか。私のまわりにそんな爺はいませんが、話を聞くとまさに恥知らずなのです。

談志師匠がお元気な頃、電車内で優先席に座った若者の前に爺が立っていたので若者に「席を譲れ」と言った。すると若者は席を譲りました。ところが、その爺は当然という顔をして無言で座ったのです。師匠は若者に向かってこう言いました。

「こんな礼儀知らずの爺に席を譲れと言った俺が悪かった。勘弁してくれ」

爺の顔色が変わったのは言うまでもありません。しかし、周囲の乗客は笑顔を見せて師匠に賛同したそうです。

よく見解の相違とか価値観の違いと言いますが、私は「羞恥心の相違」と考えます。もともと日本人は世界中で最も恥を知る国民性なのに、近年は羞恥心の欠如した連中が増えました。衣食が足りない若者が礼節を知らないのはまだしも、いい齢をした爺が恥知らずではいけません。羞恥心の欠如は即ち、「イマジネーション（想像力）の欠如」でもあります。相手の気持ちを想像できない、その場の空気を読めないから恥ずかしいことをしてしまう。齢を重ねると想像力も衰えてくるそうです。いくつになっても、他人に迷惑をかけることは恥ずかしいと思うようにしましょう。暇つぶしでさえも人に迷惑をかけないことを肝に銘じないといけません。

「暇つぶしが上手な人ほど長生きする」

周囲の高齢者を観察した上での結論です。暇つぶしが楽しければこの世に未練が出てくる。健康でないと楽しめないから健康でいようと努力する。よく歩くようになる。友人と会ったり、散歩すれば楽しいことがある。だから毎日暇つぶしの方法を考える。

この好循環で結果的に長生きすればいいと思うのです。

読者諸兄のご健勝をお祈りします。お互いに楽しい老後を送れますように。

島　敏光　人生で必要なもの

「タイム・イズ・マネー」だとすれば、暇だ、暇だとボヤいている人は、通帳に預金が一杯あるのと同じこと。私の場合は、いつもあくせくしていて、いわば預金が底をついたような状態。そのため明日は何の予定もないと思うと、まるであぶく銭が入ってきたような気分になり、心がウキウキします。

見逃した映画を追いかけたい。撮り続けている花や蝶の写真をアルバムに貼りたい。読み終わった本をブックオフに売りに行き、そのお金で孫に何かを買ってあげるという手もある。日帰りバスツアーも捨てたもんじゃない。

でも、結局は自分の部屋で、特に何をするというわけでもなく、ダラダラと時を過ごしてしまうことが多いのです。このサボッている感じがまた実に快適で……。

同じ何もしないのでも、やることがあって何もしないのと、何もすることがないので何もしないのでは大違い。言わばお金があって使わないのと、なくて使えないのとの違いです。心の持ち方一つで、ダラダラだってリラクゼーションの一環となります。

人はそれぞれ置かれている状況が違い、私のように東京都内に住んでいる人間もいれば、地方の過疎地で暮している人もいます。映画館はおろか定食屋さえも見当たらない町でため息をついている人もいるでしょう。たとえそうだとしても、何もないはずがありません。劇場がなくても海、山、川、畔道や路地裏だってあるでしょう。海には海の、山には山の、路地裏には路地裏の楽しみが見つけられるはずです。

どんなに見慣れた光景でも、見方を変えればきっと、新しい発見があります。つまらないとふてくされれば何もかもがつまらないし、面白い思えば何もかもが……とは言えないまでも、それなりに楽しめるはずです。要は好奇心を失わないことです。

チャールズ・チャップリンは「ライムライト」という映画の中で、病気で踊れなくなった美しいバレリーナに「人生は素晴らしい。恐れることはない。人生に必要なものは勇気と想像力……そして、少しばかりのお金」と励まします。

この本を読んでくれたご年配の皆さん！　私は自信を持って声高らかに宣言します。

「人生に必要なものは暇と好奇心……そして、少しばかりのお金」

爺の暇つぶし

もてあます暇をもてあそぶ極意、教えます

2016年4月25日　初版発行
2016年6月25日　3版発行

著者　吉川潮
島敏光

吉川潮（よしかわ・うしお）
1948年生まれ。大学卒業後、放送作家、ルポライターを経て演芸評論家に。'80年、小説家としてデビュー。芸人や役者の一代記のみではなく数々の辛口エッセイで世間を騒がせる。著書に『江戸前の男～春風亭柳朝一代記』（新田次郎文学賞受賞）、『流行歌西條八十物語』（大衆文学研究賞受賞）、顧問を務めた落語家・立川流の家元、立川談志を描いた『談志歳時記』（3作共に新潮社）など多数。

島敏光（しま・としみつ）
1949年生まれ。伯父である黒澤明監督の日常を描いた『黒澤明のいる風景』が好評を博し、『ビートでジャンプ』（共に新潮社）、『映画で甦るオールディーズ&プログラム・コレクション』（音楽出版社）、『六本木ケントス物語』（扶桑社）等、音楽・映画関連作品を次々と手掛ける。「日本経済新聞」に映画と音楽のコラムを連載中。日本映画批評家大賞選考委員。

発行者　佐藤俊彦
発行所　株式会社ワニ・プラス
〒150-8482
東京都渋谷区恵比寿4-4-9　えびす大黒ビル7F
電話　03-5449-2171（編集）
発売元　株式会社ワニブックス
〒150-8482
東京都渋谷区恵比寿4-4-9　えびす大黒ビル
電話　03-5449-2711（代表）
装丁　橘田浩志（アティック）
小栗山雄司
イラスト　オギリマサホ
編集協力　原田英子
印刷・製本所　大日本印刷株式会社

ISBN 978-4-8470-6095-3
ワニブックスHP　https://www.wani.co.jp